Karl-Heinz List

Effektive Personalarbeit – Impulse und Werkzeuge

Von der Einstellungsentscheidung
bis zur fairen Trennung

disserta
Verlag

List, Karl-Heinz: Effektive Personalarbeit – Impulse und Werkzeuge. Von der Einstellungsentscheidung bis zur fairen Trennung. Hamburg, disserta Verlag, 2015

Buch-ISBN: 978-3-95425-978-6
PDF-eBook-ISBN: 978-3-95425-979-3
Druck/Herstellung: disserta Verlag, Hamburg, 2015
Covermotiv: pixabay.com
Covergestaltung: © Tessa Gütschow

Bibliografische Information der Deutschen Nationalbibliothek:
Die Deutsche Nationalbibliothek verzeichnet diese Publikation in der Deutschen Nationalbibliografie; detaillierte bibliografische Daten sind im Internet über http://dnb.d-nb.de abrufbar.

Das Werk einschließlich aller seiner Teile ist urheberrechtlich geschützt. Jede Verwertung außerhalb der Grenzen des Urheberrechtsgesetzes ist ohne Zustimmung des Verlages unzulässig und strafbar. Dies gilt insbesondere für Vervielfältigungen, Übersetzungen, Mikroverfilmungen und die Einspeicherung und Bearbeitung in elektronischen Systemen.

Die Wiedergabe von Gebrauchsnamen, Handelsnamen, Warenbezeichnungen usw. in diesem Werk berechtigt auch ohne besondere Kennzeichnung nicht zu der Annahme, dass solche Namen im Sinne der Warenzeichen- und Markenschutz-Gesetzgebung als frei zu betrachten wären und daher von jedermann benutzt werden dürften.

Die Informationen in diesem Werk wurden mit Sorgfalt erarbeitet. Dennoch können Fehler nicht vollständig ausgeschlossen werden und die Diplomica Verlag GmbH, die Autoren oder Übersetzer übernehmen keine juristische Verantwortung oder irgendeine Haftung für evtl. verbliebene fehlerhafte Angaben und deren Folgen.

Alle Rechte vorbehalten

© disserta Verlag, Imprint der Diplomica Verlag GmbH
Hermannstal 119k, 22119 Hamburg
http://www.disserta-verlag.de, Hamburg 2015
Printed in Germany

Inhalt

Vorwort 6
Kapitel I: Erkenntnisse der Wissenschaft nutzen **8**
   1. Hirnforschung 9
   2. Intuition 11
Kapitel II: Von der Bewerberauswahl zur Einstellungsentscheidung **17**
   3. Eignung beurteilen – Methoden und Verfahren 19
   4. Suchmethoden 22
   5. Vorauswahl: Die schriftliche Bewerbung 28
   6. Das Interview 33
   7. Alles, was Recht ist 52
   8. Praxisbeispiel 1: Außendienstmitarbeiter m/w gesucht 60
   9. Praxisbeispiel 2: Auszubildende Kauffrau im Groß- und Außenhandel ... 70
   10. Probezeit: Einstellungsentscheidung überprüfen 74
Kapitel III: Führungskonzepte **78**
   11. Was Führungskräfte wissen und können müssen 80
   12. Kooperative Führungsmodelle 81
   13. Scheitern und der Umgang mit Fehlern 89
   14. Kommunikation 93
   15. Gruppenarbeit 116
   16. Wer wird Führungskraft? Befördere intern (Beispiel) 127
Kapitel IV: Trennung: Kündigung, Unterstützung beim Neuanfang **131**
   17. Kündigungsrecht – Was Führungskräfte wissen sollten 132
   18. Das Kündigungsgespräch 141
   19. Unterstützung beim Neuanfang 150
Kapitel V: Mustertexte, Vorlagen, Checklisten **151**
   20. Mustertexte 152
   Kündigungsschreiben: Änderungskündigung 210
Literatur 214

Vorwort

Dies ist ein Arbeitsbuch. Es werden Werkzeuge, Verfahren und Methoden vorgestellt, die Personalarbeit erleichtern und Anregungen geben, um die Arbeit effektiver zu machen. Dazu gibt es Informationen, Erfahrungen und Erkenntnisse der Hirn- und Intuitionsforschung, die Personalentscheidungen erleichtern.

Das grundlegende Missverständnis ist die Überzeugung, dass sich Personalprobleme mit Logik lösen ließen. Das gilt nicht zuletzt für Personalentscheidungen: Wer wird eingestellt, wer befördert, wer bekommt mehr Geld? Mit der Pro- und Contra-Methode kommen wir nicht weit, denn es gibt bei Personalentscheidungen keine Gewissheit. Nehmen wir als Beispiel die Einstellungsentscheidung. Objektiv betrachtet gibt es keine richtige Entscheidung zwischen den Alternativen, die uns zur Verfügung stehen. Es besteht immer das Risiko des Scheiterns. Bei einer Personalentscheidung gibt es keinen Algorithmus, um die beste Lösung zu berechnen. Man will das Risiko auch heute noch dadurch ausschalten, dass man bei der Bewerberauswahl psychometrische Tests einsetzt und damit den Anspruch erhebt, mit wissenschatlichen Methoden den Berufserfolg vorherzusagen. Wissenschaftler gaukeln eine Sicherheit vor, die es nicht geben kann.

Das minimalistische Entscheidungsprogramm ist nach dem Intuitionsforscher Gerd Gigerenzer (Bauchentscheidungen, 2008) die einfache Regel: Beschränke dich bei schwierigen Entscheidungen auf einen einzigen Grund (Heuristik). Im Gegensatz zur rationalen Urteilsfindung, wo man alle relevanten Informationen sammelt und abwägt, reicht ein einziger Grund. Als Heuristik bezeichnet Gigerenzer eine Methode, komplexe Probleme, die sich nicht vollständig lösen lassen, mit Hilfe einfacher Regeln und unter Zuhilfenahme nur weniger Informationen zu entwirren. *Es gibt keinen Gegensatz zwischen Vernunft und Bauchentscheidung, sie ergänzen sich. Logik und Intuition sind zwei Werkzeuge aus der gleichen Kiste.*

Die Überlegenheit der wissenschaftlichen Methoden, wie Persönlichkeitstests oder eignungsdiagnostische Verfahren ist bis heute nicht bewiesen, im Gegenteil. Es handelt sich um rationale Methoden, Gefühle kommen dabei nicht vor. Die Leser erfahren in diesem Buch, was Sie wissen und können müssen, um gutes Personal eizustellen: Wie sie im Interview Gefühle ansprechen, auf Mimik und Stimme achten, mit Fragen, Rollenspielen und Aufgaben herausfinden, ob der Bewerber für die Position geeignet. Unter den qualifizierten Bewerbern fällt die Entscheidung, wer eingestellt wird, einmütig, mit Intuition. Bei der Auswahl von Führungskräften haben interne Bewerber den Vorrang.

Im Kapitel >Führungskonzepte< stellen wir Ihnen kooperative Führungsmodelle vor. Außerdem gibt eine praktische Anleitung „Wie führe ich ein Team?" und eine Schritt-für Schritt-Anleitung zum Leiten von Projektgruppen.

Am Schluss geht es um Trennung. Wie geht ein Unternehmen damit um, damit der Schaden begrenzt wird, kein Imageverlust entsteht und die betroffenen Mitarbeiter nicht das Gefühl haben, man lasse sie im Regen stehen. Es geht nicht nur um Abfindungen, sondern auch um Unterstützung bei der beruflichen Neuorientierung.
Bei der Trennung aus betriebsbedingten Gründen müssen Führungskräfte Kündigungsgespräche führen, was vielen nicht leicht von der Hand geht, In diesem Buch erfahren sie, wie sie sich darauf vorbereiten können, die Kündigungsbotschaft übermitteln und im Gespräch mit Gefühlsäußerungen umgehen und empathisch darauf reagieren

Am Ende dieses Arbeitsbuches finden die Leser Mustertexte, Vorlagen und Checklisten: Vom Arbeitsvertrag bis zum Zeugnis. Zu allen Texten gibt es Erläuterungen: **Gut zu wissen.**

Karl-Heinz List

Kapitel I: Erkenntnisse der Wissenschaft nutzen

Hier erhalten Sie Informationen aus der Hirn- und Intuitionsforschung, die für die Personalarbeit von Nutzen sind.

1. Hirnforschung

Spiegelneuronen
Empathie

2. Intuition

Das Bauchgefühl: Wie funktioniert es?
Wann können wir unserem Bauch vertrauen?
Faustregeln
Das elvolvierte Gehirn
Elvolvierte Fähigkeiten
Intuitive Urteile
Entscheidungen treffen

1. Hirnforschung

Mittels bildgebender Verfahren wie der Kernspintomographie finden die Wissenschaftler heraus, dass nicht nur die Bewegungen anderer Personen unser Hirn in Resonanz versetzen, sondern auch deren Emotionen. Die Forscher zeigen den Testpersonen Videoaufnahmen von Menschen, die an einer stinkenden Substanz riechen. Obwohl die Testpersonen keinerlei Geruch ausgesetzt sind, aktivierte allein der Anblick des Films das Ekelzentrum im Gehirn – so als hätten sie die Situation persönlich erlebt. Bei Schmerz ist das nicht anders: In gewisser Weise empfinden Menschen also ungewollt den Schmerz anderer Menschen mit. Der Begriff „Mitleid" wird durch die Hirnforschung im Wortsinn bestätigt.

Spiegelneuronen

Spiegelneuronen (= Nervenzellen) ermöglichen es Menschen, sich in andere hineinzuversetzen (Einfühlung). Sie überwinden die Barriere zwischen uns und unserem Gegenüber. Erst dadurch, dass wir die Gefühle anderer, wie Ekel, Schmerz, Freude miterleben, können wir sie unmittelbar verstehen. Danach ist Empathie kein abstraktes kognitives Konstrukt, sondern fest in unserem Gehirn verankert. Empathie ist die Fähigkei zu fühlen, was andere fühlen.

Der Mechanismus der Spiegelneurone bietet uns einen direkten Zugang zur Innenwelt der anderen. Nur Autisten sind zu dem Umweg gezwungen, dass sie immer erst über den andern nachdenken müssen. Autisten unterscheiden sich von anderen Menschen dadurch, dass sie sich nicht einfühlen können. Darum müssen sie stets überlegen, was in ihrem Gegenüber vorgehen mag. Das ist anstrengend und geht allzu oft schief. Bei Autisten ist der Spiegelmechanismus gestört.

Der Neurochirurg William Hutchison von der Universität Toronto machte einen neurochirurgischen Eingriff bei einer Frau, die unter schweren Depressionen litt. Als er ihr in den Finger gestochen hatte, konnte er mit Hilfe des bildgebenden Verfahrens der Hirnspintomographie sehen, dass die Neuronen in jenem Bereich feuerten, der für die Schmerzwahrnehmung zuständig ist. Anschließend stach Hutchison sich selbst in den Finger. Die Frau sah das und wieder feuerten dieselben Neuronen wie vorher, als er der Patientin in den Finger gestochen hatte. Damit scheint die neuronale Entsprechung der Empathie erbracht zu sein.

Empathie

Empathie ist ein Gefühl, das – wie die anderen Gefühle auch – seinen Sitz im Gehirn des Menschen hat. Das haben Hirnforscher herausgefunden. Jedes Gefühl wird von unterschiedlichen, genetisch festgelegten Schaltweisen des Gehirns gesteuert.

Der Neurophysiologe Vittorio Gallese ist dabei zu untersuchen, wie sich Empathie mit dem Umfeld verändert, in dem Menschen sich begegnen. Außerdem: Wie hängt Empathie von den Erbanlagen und der Geschichte der Personen ab. Er hat den Mechanismus herausgefunden, wie man mit dem Gehirn die Gedanken und Gefühle anderer lesen kann. Er gilt zusammen mit Giacomo Rizzolatti als Entdecker der Spiegelneurone (das Neuron = Nervenzelle), eine neue Gruppe Nervenzellen. Bei einem wissenschaftlichen Versuch mit Affen wurde das Neuron eher zufällig entdeckt. Der Affe beobachtet die Bewegung eines anderen. Diese Neuronen spiegeln das Verhalten des Gegenübers. Ein Teil unseres Gehirns schwingt sozusagen das Verhalten des Gegenübers. Deshalb nennen wir sie Spiegelneurone. Fußballfans springen auf, wenn Gleichgesinnte im Stadium dasselbe tun. Lachen und Gähnen stecken bekanntlich auch an.

Gefühle im weitesten Sinne entstehen durch die Aktivität von Zentren des limbischen Systems: Befriedigung lebenswichtiger Bedürfnisse wie Schlafen, Hunger, Durst, Schmerz, Lust.

Unser bewusstes Ich hat nur begrenzte Einsicht in die eigentlichen Antriebe unseres Verhaltens. Die unbewussten Vorgänge in unserem Gehirn wirken stärker auf die bewussten Vorgänge ein als umgekehrt, meint der Bremer Hirnforscher Gerhard Roth. Genetisch oder bereits vorgeburtlich bedingte Charakterzüge machen knapp die Hälfte unserer Persönlichkeit aus. Hinzukommen Merkmale, die nach der Geburt und in den ersten drei bis fünf Jahren festgelegt werden. Besonders wichtig erscheint dabei die Interaktion mit den Bezugspersonen. Entsprechend können frühtraumatische Erlebnisse wie die Trennung von der Mutter, Vernachlässigung oder Missbrauch bleibende psychische Schäden hinterlassen. Zu bedenken dabei ist: Das menschliche Gehirn verfügt über eine erhebliche Toleranz was Bindung und Betreuung angeht. Negative Erfahrungen haben nicht bei allen Menschen längerfristige Folgen. In späterem Jungen- und im Erwachsenenalter ist der Mensch in seinen Persönlichkeitsmerkmalen nur noch wenig veränderbar. (20%).

2. Intuition

„Das Herz hat seine Gründe, die der Verstand nicht kennt."
Blaise Pascal

Entscheidungen müssen rational sein. Davon sind auch heute viele Kinder der Aufklärung überzeugt, allen voran Wissenschaftler. Sie glauben an die mathematische Logik.

Wenn von Intuition die Rede ist, denken viele an Esoterik, aber nicht an Wissenschaft. Das wird sich ändern. Neurologen, Hirnforscher und Psychologen (Gershon, Roth, Damasio, Gigerenzer) erforschen die neuronalen Vorgänge, die sich bei Entscheidungen vollziehen. Der amerikanische Neurologe Antonio Damasio ist davon überzeugt, dass jede Entscheidung einen „emotionalen Anstoß" brauche, weil aus purem Verstand heraus ein Mensch nicht handeln könne. Er ersetzt den Satz des französischen Philosophen Decartes´ „Ich denke, also bin ich" so: „Ich fühle, also bin ich."

Der Psychologe Gerd Gigerenzer, Direktor beim Max-Planck-Instituts für Bildungsforschung, schreibt in seinem Buch „Bauchentscheidungen", dass zeitgenössische Psychologen nichts von Intuition hielten, weil die Gesetze der Logik missachtet würden. „Viele Menschen", so Gigerenzer, „sind im alltäglichen Leben geneigt, ihren Intuitionen zu vertrauen. Sie wissen, was zu tun ist, wissen aber nicht genau, warum."

Dass Logik ein nützliches Werkzeug ist, bestreitet Gigerenzer nicht. Aber es sei eben nur eines unter vielen nützlichen Werkzeugen. In seinem Buch RISIKO (2013) schreibt er:

(1) Intuition ist weder eine Laune noch die Quelle aller schlechten Entscheidungen. Sie ist unbewusste Intelligenz, welche die meisten Regionen unseres Gehirns nutzt.
(2) Intuition ist dem logischen Denken nicht unterlegen. Meistens sind beide erforderlich. Intuition ist unentbehrlich in einer komplexen, ungewissen Welt, während Logik in einer Welt ausreichen kann, in der alle Risiken mit Gewissheit bekannt sind.
(3) Intuition beruht nicht auf mangelhafter mentaler Software, sondern auf intelligenten Faustregeln und viel Erfahrung, die im Unbewussten verborgen liegt.

Das Bauchgefühl: Wie funktioniert es?

Faustregeln sind im evolvierten (= entwickelten) Gehirn und in der Umwelt verankert. Faustregeln (der wissenschaftliche Ausdruck heißt „Heuristik") liefern uns die Antwort. Sie sind gewöhnlich unbewusst, können aber auf die Bewusstseinsebene gehoben werden. Wichtig vor allem: Faustregeln sind im evolvierten Gehirn und in der Umwelt verankert. Durch Nutzung sowohl der evolvierten Fähigkeiten in unserem Gehirn als auch der Umweltstrukturen können Faustregeln und ihr Produkt- die Bauchgefühle – äußerst erfolgreich sein.
In einer ungewissen Welt können einfache Faustregeln komplexe Phänomene ebenso gut oder besser vorhersagen als komplexe Regeln.

Eine Faustregel unterscheidet sich grundlegend von der Bilanzmethode mit Pro und Kontra. Sie greift wichtige Informationen heraus und lässt den Rest außer Acht.

Beispiel: Für das Fangen eines Balls haben wir die Blickheuristik identifiziert, die alle für die Berechnung der Wurfbahn erforderlichen Informationen beiseite lässt: Entfernung, Geschwindigkeit, Winkel der Flugbahn, Luftwiderstand, Wind. Sie folgt vielmehr dieser Reihenfolge, die das Ergebnis von Forschungsarbeiten des Max-Planck-Instituts für Bildungsforschung ist:

(1) Fixiere den Ball,
(2) beginne zu laufen und
(3) passe deine Laufgeschwindigkeit so an, dass der Blickwinkel konstant bleibt.

Wann können wir unserem Bauch vertrauen?

Kontra:

Intuition ist untauglich, weil sie Informationen missachtet, gegen die Gesetze der Logik verstoße und die Ursache menschlicher Katastrophen sei.

Pro:

Menschen vertrauen ihrer Intuition im Alltag und preisen die Wunder rascher Einsicht.
Gigerenzer ist der Auffassung, dass Intuition nicht nur ein Impuls oder eine Laune ist, sondern ihre eigene Gesetzmäßigkeit hat.

Faustregeln

Nach Gigerenzer sind Faustregeln für die Entstehung von Bauchgefühlen verantwortlich. Beispielsweise teilt uns die Gedankenlesenheuristik mit, was andere wünschen, die Rekognitionsheuristik löst ein Gefühl aus, das uns verrät, welchem Produkt wir trauen können, und die Blickheuristik erzeugt eine Intuition, die uns sagt, wohin wir laufen sollen.

Bauchgefühle mögen ziemlich simpel erscheinen, doch ihre tiefere Intelligenz äußert sich in der Auswahl der richtigen Faustregel für die richtige Situation. Bauchgefühle machen sich die evolvierten Fähigkeiten des Gehirns zunutze und beruhen auf Faustregeln, die es uns ermöglichen, rasch und mit verblüffender Genauigkeit zu handeln. Ihre Qualität gewinnt die Intuition aus der Intelligenz des Unbewussten: der Fähigkeit, ohne Nachdenken zu erkennen, auf welche Regel wir uns in welcher Situation verlassen haben.

Bauchentscheidungen können Denk- und Computerstrategien in den Schatten stellen. Andererseits besteht auch die Möglichkeit, dass sie uns fehlleiten. An der Intuition führt kein Weg vorbei; ohne sie brächten wir wenig zustande.

Das evolvierte Gehirn

Es stellt uns Fähigkeiten zur Verfügung, die wir im Laufe von Jahrtausenden entwickelt haben, die aber von der Entscheidungstheorie weitgehend außer Acht gelassen werden. Ihm verdanken wir auch die menschliche Kultur, die sich weit schneller entwickelt als dies unsere Gene tun.

Diese evolvierten (entwickelten) Fähigkeiten sind unentbehrlich für viele Entscheidungen und können uns grobe Fehler in wichtigen Angelegenheiten ersparen. Dazu gehört die Fähigkeit zu vertrauen, nachzuahmen und Emotionen zu empfinden.

Um menschliches Verhalten zu verstehen, müssen wir uns vor Augen halten, dass es ein evolviertes Gehirn gibt, das es uns ermöglicht, Probleme auf unsere besondere Weise zu lösen, anders als Tiere das tun. Unsere Säuglinge brauchen sich nach der Geburt nicht zu verstecken wie das Reptilien tun (die sonst von der Mutter gefressen werden), sondern machen sich für ihre Entwicklung andere Fähigkeiten zunutze: Lächeln, nachahmen, niedliches Aussehen und die Fähigkeit, zuzuhören und sprechen zu lernen.

Evolvierte Fähigkeiten

Sie sind das Baumaterial für Faustregeln: Sprache, Verfolgen von Objekten mit den Augen, Emotionen und – ganz wichtig – Nachahmen. Das bedeutet: Bedingung für die Entwicklung von Kultur, lernen aus der eigenen Erfahrung, alle nachahmen, die klüger sind.

Die Fähigkeiten des Gehirns hängen sowohl von unseren Genen als auch von unserer Lernumgebung ab. So macht sich die Blickheuristik unsere Fähigkeit zunutze, bewegte Objekte vor einem unruhigen Hintergrund mit den Augen zu verfolgen. Im Gegensatz zu Robotern fällt dies den Menschen leicht; mit drei Monaten sind Säuglinge bereits in der Lage, bewegte Ziele im Auge zu behalten. Die Blickheuristik ist also für Menschen eine einfache Angelegenheit, jedoch nicht für Roboter auf dem heutigen Entwicklungsstand.

Umweltstrukturen bestimmen, wie gut oder schlecht eine Faustregel funktioniert. Ein Bauchgefühl ist nicht gut oder schlecht, rational oder irrational an sich. Sein Wert hängt von dem Kontext ab, in dem die Faustregel verwendet wird.

Intuitive Urteile: Ein einziger Grund reicht

Im Gegensatz zur rationalen Urteilsfindung, wo man alle relevanten Informationen sammelt und abwägt, reicht ein einziger Grund. Ein einziger Grund ist schon eine praktikable Strategie.

Wir sollten auf unsere Intuition vertrauen, wenn wir über Dinge nachdenken, die schwer vorauszusagen sind (die Leistung des Mitarbeiters bei der Einstellung) und wenn wir wenig Informationen haben.

Wir sollten einer einfachen Regel folgen, die sich auf den besten Grund beschränkt und den Rest vernachlässigen, vor allem dann, wenn nicht genügend brauchbare Informationen zur Verfügung stehen.

Entscheidungen treffen

Kein Mensch sollte angesichts der begrenzten Zeit und Information, die zur Verfügung steht, den Versuch machen, alle Entscheidungen selbst zu treffen. Kooperation verlangt ein hohes Maß an Vertrauen. Oft ist es vernünftig, andere um Rat oder gar nicht zu fragen und einfach ihr Verhalten nachzuahmen. Es gibt zwei grundlegende Arten der Nachahmung:

1. Tue das, was die Mehrheit deiner Bezugsgruppe tut
2. Tue das, was der Erfolgreiche tut.

Keine Form der Nachahmung ist gut oder schlecht an sich.

Als Heuristik (vom griechischen Verb für „finden" abgeleitet) bezeichnet Gigerenzer eine Methode, komplexe Probleme, die sich nicht vollständig lösen lassen, mit Hilfe einfacher Regeln und unter Zuhilfenahme nur weniger Informationen zu entwirren.

„Es gibt keinen Gegensatz zwischen Vernunft und Bauchentscheidung, sondern sie ergänzen sich. Logik und Intuition sind zwei Werkzeuge aus der gleichen Kiste."

Wenn es um die Liebe gehe, so Gigerenzer, handeln alle Menschen völlig intuitiv.

Kapitel II: Von der Bewerberauswahl zur Einstellungsentscheidung

3. Eignung beurteilen – Methoden und Verfahren

Eignung objektiv beurteilen – Geht das?

Eignungsdiagnostik
Deutsche Industrienorm (DIN 33430)
Ratio versus Emotionen

4. Suchmethoden

Anforderungsprofil, Aufgabenbeschreibung, Printanzeigen, Online-Stellenanzeigen, Interne Stellenausschreibung, Social Media, Stellengesuche, Agentur für Arbeit, private Arbeitsvermittler, Personaberater, Zeitarbeit, Jobmessen, Anreize

5. Vorauswahl

Die schriftliche Bewerbung: Bewerbungsschreiben, Lebenslauf, Arbeitszeugnisse
Die Vorauswahl in drei Schritten

6. Das Interview

Was das Gesicht verrät
Die Stimme
Soziale Kompetenz
Selbsteinschätzung, Selbstdarstellung
Interviewfragen (Stärken, Schwächen, Erfolge, Misserfolge)
Eignungsbeurteilung

7. Alles, was Recht ist

Allgemeines Gleichbehandlungsgesetz (AGG)

Zulässige Fragen: Krankheit, Schwerbehinderung, Vorstrafen

Absage bei Bewerbungen

8. Praxisbeispiel 1: Außendienstmitarbeiter gesucht

Checkliste Personalsuche

Aufgaben, Anforderungen

Stellenanzeige

Interviewfragebogen

Eignungsbeurteilung, Einstellungsentscheidung

9. Praxisbeispiel 2: Auszubildende Groß- und Außenhandelskauffrau

Interesse, Neigung, Begeisterung

Anforderungen

Stellenanzeige

Interviewfragebogen

Eignungsbeurteilung

10. Probezeit: Einstellungsentscheidung überprüfen

Beurteilungsgespräch

Probezeitbeurteilung

3. Eignung beurteilen – Methoden und Verfahren

Eignung objektiv beurteilen – geht das überhaupt?

Napoleon soll seine Unteroffiziere nach der Nasengröße ausgesucht haben. Diese Methode hat sich ganz offensichtlich nicht durchgesetzt. In Zuckmayers Theaterstück „Der Hauptmann von Köpenick" wurde der Schuster Vogt beim Vorstellungsgespräch gefragt: Haben Sie gedient?
Andere Methoden sind zwar nicht ganz ausgestorben, haben aber an Bedeutung verloren, wie etwa die Deutung der Handschrift oder der Glaube an die Konfiguration der Sterne. Auch der Glaube an psychometrische Verfahren wie Eignungsdiagnostik, Persönlichkeits- und Eignungstests hat nachgelassen.

Eignungsdiagnostik

Eignungsdiagnostische Verfahren machen Bewerber zu Objekten; Gefühle kommen dabei nicht vor. Bei der Bewerberauswahl haben wir es mit Menschen zu tun, mit ihren Fehlern, ihren Einstellungen, ihren Werten, den Ängsten, ihrem Antrieb, ihren Schwächen und Stärken, ihren Zukunftsvorstellungen und ihren Gefühlen. Bewerber haben Erwartungen und soziale Bedürfnisse. Sie wollen Anerkennung, Selbstbestätigung, Wertschätzung, streben nach Selbstentfaltung und Autonomie.

Eignungsdiagnostiker erzeugen die Illusion der Gewissheit. Mit wissenschaftlichen Methoden wollen sie den Eindruck vermitteln, dass es möglich isei, durch Messung von Kompetenzen und Persönlichkeitsmerkmalen, mit Stichproben, Skalen und Koeffizienten den Berufserfolg vorherzusagen. Sie begründen es damit, dass diese Verfahren objektiv, valide und reliable (zuverlässig) sind. Soll heißen: Mehrere Beurteiler müssen zu gleichen Ergebnissen kommen. Mit den Messergebnissen wollen sie den Praktikern in den Unternehmen das Gefühl vermitteln, dass die Bewerberauswahl mit wissenschaftlichen Methoden gelingen wird. Sie gaukeln eine Sicherheit vor, die es nicht geben kann, weil der Berufserfolg von Dingen abhängt, die nicht messbar und noch weniger vorhersehbar sind.

Psychometrische Tests werden von Psychologen durchgeführt, die nie ein Unternehmen von innen gesehen haben, schreibt Gerd Gigerenzer in seinem Buch „Risiko" (2013), weil die Manager, ihre Auftraggeber, Angst hätten, bei falschen Einstellungsentscheidungen zur Rechenschaft gezogen zu werden. Sie glauben, dass sie mit den Tests auf der sicheren Seite wären.

Deutsche Industrienorm (DIN 33430)

Bestandteil der Eignungsdiagnostik ist die Deutsche Industrienorm (DIN 33430): Anforderungen an Verfahren und deren Einsatz bei berufsbezogenen Eignungsbeurteilungen.

Sie ist 2002 auf Initiative des Bundesverbandes Deutscher Psychologen und der Deutschen Gesellschaft für Psychologie eingeführt worden: Es werden Standards festgelegt und Tests für die Bewerberauswahl und Berufsfindung. Alles auf wissenschaftlicher Basis.
Deutsche Industrienorm (DIN) klingt sehr offiziell und soll ähnlich wie beim Qualitätsmanagement (En ISO 9001) Standards setzen. Das deutsche Institut für Normen ist eine private Organisation. Bei genauem Hinschauen muss man feststellen, dass die Verbreitung der DIN 33430 relativ gering ist. Es handelt sich um eine Art Arbeitsbeschaffungsmaßnahme für unterbeschäftigte Psychologen.

Verhalten und Leistung objektiv beurteilen?

Man hört immer wieder, dass die Beurteilung von Verhalten und Leistung objektiv sein müsse. Was ist Objektivität? Dazu der Philosoph Paul Feyerabend (Irrwege der Vernunft, 1990):

Wenn man sagt, eine Verfahrensweise (oder ein Standpunkt) sei objektiv (bzw. objektiv wahr), dann behauptet man damit, dass sie unabhängig von den Erwartungen und Vorstellungen, Einstellungen und Wünschen der Menschen gilt. Dies ist einer der grundlegenden Ansprüche, den moderne Wissenschaftler und Intellektuelle für ihre Arbeit erheben. (...) Die Annahme, dass es allgemeingültige und verbindliche

Richtlinien des Handelns und des Wissens gebe, ist ein Spezialfall eines Glaubens, dessen Einfluss weit über den Bereich bloß intellektueller Streitfragen hinausgeht.

Ratio versus Emotionen?

Um herauszufinden, ob Bewerber geeignet sind, Fach- und Sozialkompetenz besitzen und ins Team passen, braucht ein Unternehmen Führungskräfte, die sich mit Menschen auskennen und mit Empathie ein Interview führen können. Wer Interviews führt, sollte eine gute Wahrnehmung haben, genau hinhören, <u>was</u> jemand sagt und <u>wie</u> er es sagt: Auf Mimik und Stimme achten und die Gefühle wahrnehmen, die damit ausgedrückt werden.

Sollen wir uns bei der Bewerberauswahl von der Ratio verabschieden? Bestimmt der Verstand die Gefühle oder ist es umgekehrt? Ist die Vernunft in der Lage, die Gefühle zu beherrschen? Die Kinder der Aufklärung verlassen sich immer noch lieber auf den Verstand als auf das Gefühl.

Intelligenz folgt den Gesetzen der Logik. Doch ein Großteil unseres geistigen Lebens vollzieht sich unbewusst und beruht auf Prozessen, die mit Logik nichts zu tun haben, so der Wissenschaftler Gerd Gigerenzer *(Bauchentscheidungen, 2008)*.

4. Suchmethoden

Vorbereitende Arbeiten: Anforderungsprofil und Aufgabenbeschreibung

Anforderungskriterien (Übersicht)

Fachliche Qualifikation
- Fachwissen, Fertigkeiten, Spezialwissen,
- Fachkönnen, Berufserfahrung (Branche)
- EDV- und PC-Kenntnisse
- Fremdsprachenkenntnisse (Grad der Beherrschung)
- Weiterbildung (Seminare, Abendkurse)

Geistige und kreative Fähigkeiten
- Auffassungsgabe
- Logisches, strategisches und konzeptionelles Denken
- Kreative Fähigkeiten
- Pädagogisches Geschick
- Organisationstalent
- Improvisationsvermögen
- Urteilsvermögen
- Sprachliche Ausdrucksfähigkeit (mündlich, schriftlich)
- Rhetorische Begabung
- Verhandlungsgeschick

Soziale Fähigkeiten
- Empathie
- Kontaktfreude
- Veränderungsbereitschaft, Flexibilität
- Kommunikation, Kooperation

Persönlichkeitsmerkmale
- Selbstsicher, glaubwürdig, loyal, energisch, durchsetzungsstark
- freundlich, hilfsbereit, kundenorientiert
- sicheres Auftreten
- Verantwortungsbereitschaft

Arbeitsweise/Arbeitseinsatz/Arbeitserfolge
- selbständig, eigenverantwortlich
- Engagement, Ideen, Belastbarkeit
- Erfolge (z.B. Ziele erreicht)

Führungskompetenz
- Führungserfahrung
- Begeisterungsfähigkeit
- Führungseigenschaften, z.B. Durchsetzungsfähigkeit
- Managementfähigkeiten: Planen, organisieren, kontrollieren, entscheiden

Aufgabenbeschreibung

Hier sind die Aufgaben in Stichworten zu benennen, die der Mitarbeiter selbständig und eigenverantwortlich zu erledigen hat. Hinzu kommen Aufgaben, die er nur in Zusammenarbeit mit anderen bewältigt, wie zum Beispiel Projekt- und Teamarbeit. Bei Führungskräften ist die Personalverantwortung mit Anzahl der Mitarbeiter zu nennen, außerdem die Vollmachten und Befugnisse (Prokura, Handlungsvollmacht oder die Befugnis, alleine oder mit anderen Führungskräften zusammen Mitarbeiter einzustellen bzw. zu entlassen.

Interne Stellenausschreibung

Nach § 93 Betriebsverfassungsgesetz kann der Betriebsrat (Personalrat im öffentlichen Dienst) verlangen, „dass Arbeitsplätze, die besetzt werden sollen, allgemein oder für bestimmte Arten von Tätigkeiten vor ihrer Besetzung innerhalb des Betriebs ausgeschrieben werden."

Interne Stellenausschreibungen unterscheiden sich nur in der Form, aber nicht inhaltlich von einer Stellenanzeige, die in der Zeitung, in einer Internet-Jobbörse oder auf der Firmen-Hompage erscheint.

Printanzeigen

Es gibt sie noch, die Stellenanzeige in den Zeitungen oder Fachzeitschriften, obwohl die Anzeigen in den Internet-Stellenbörsen eine immer größere Bedeutung bekommen. Bei Printanzeigen steht der Arbeitgeber vor der Entscheidung, ob er in einer überregionalen Zeitung inserieren möchte (Frankfurter Allgemeine Zeitung, Süddeutsche Zeitung, DIE WELT, DIE ZEIT, Handelsblatt) oder in einer regionalen Zeitung (zum Beispiel Ostfriesenzeitung, Elbe-Jetzel-Zeitung).

Online-Stellenanzeigen

Online-Anzeigen in den Jobbörsen sind kostengünstiger und es geht alles viel schneller: Es sind keine Fristen einzuhalten und man kann den Text online übermitteln. In großen Stellenbörsen sind alle Branchen bundesweit vertreten, wie zum Beispiel .stepstone.de, monster.de, kimeta.de, JobScout.de.

Die Stellenanzeige auf der eigenen Homepage ist dann zu empfehlen, wenn Bewerber die Möglichkeit haben, sich online zu bewerben.

Social Media (Facebook, XING, Linkedin)

Employer-Branding kommt immer mehr in Mode. Man versteht darunter die Gestaltung des Arbeitgeber – Image. So kann man bei den E-Mails dieser Unternehmen einen Hinweis finden auf den Facebook-Account. Über eine Recruiter-Mitgliedschaft können Unternehmen Personalsuche betreiben: www.facebook.com/advertising/.
(Quelle: Faktor A – Das Arbeitgebermagazin 3/2011), Hrg. Bundesagentur für Arbeit):

Einzelmitglieder bei Facebook, XING oder Linkedin können kostenlos in den Gruppen, in denen sie Mitglied sind, Stellenangebote einstellen. Ob es Erfolg hat, darüber gibt es keine Statistik. Probieren Sie es einfach aus.

Stellengesuche

Die regionalen und überregionalen Internet-Stellenbörsen, Fachzeitschriften und Tageszeitungen, die Stellenanzeigen von Unternehmen veröffentlichen, bringen auch Stellengesuche. Gerade in Zeiten knapper Fachkräfte lohnt es sich für Arbeitgeber auch diese Quelle zu nutzen. Hier können Unternehmen auch den Standort für ihre Zwecke nutzen. Manche zieht es in attraktive große Städte, andere arbeiten gerne dort, wo andere Urlaub machen.

Ob es effektiv ist, auf Stellengesuche in regionalen und überregionalen Zeitungen, Internet-Stellenbörsen, Fachzeitschriften oder Internetportalen zu setzen, lässt sich nicht sagen. Man muss es ausprobieren.

Agentur für Arbeit

Für die Stellenvermittlung gibt es einen Service für Arbeitgeber. Bevor Sie die kostenlose staatliche Hilfe bei der Stellenvermittlung in Anspruch nehmen, sollten Sie mit dem Arbeitsvermittler vor Ort sprechen, ob es überhaupt Stellensuchende gibt, die für Sie in Frage kommen.

Private Arbeitsvermittler, Personalberater

Es gibt private Arbeitsvermittler, die sich auf die Vermittlung von Personal in bestimmten Branchen spezialisiert haben. Sie arbeiten im Auftrage von Stellensuchenden, die einen Vermittlungsgutschein der Arbeitsagentur vorlegen. Für Unternehmen entstehen keine Kosten, weil das Vermittlungshonorar die Agentur für Arbeit übernimmt. Voraussetzung seit 2013 ist allerdings, dass die private Arbeitsvermittlung die vorgeschriebene Zertifizierung besitzt.

Wenn private Arbeitsvermittler von Unternehmen mit der Suche beauftragt werden, schalten sie Anzeigen, führen Interviews und präsentieren dem Auftraggeber in der Regel mehrere Kandidaten zur Auswahl. Das Honorar beträgt zwischen einem und zwei Monatsgehälter.

Personalberater arbeiten ähnlich, werden aber meistens mit der Suche und Auswahl von Führungskräften beauftragt. Das Honorar: 15% bis 20% eines Jahresgehalts. Adressen finden Sie auf den Gelben Seiten oder im Internet.

Zeitarbeit

Um Personalengpässe zu überwinden, können Arbeitgeber die Dienste von Zeitarbeitsunternehmen in Anspruch nehmen. Sie schließen mit der Verleiherfirma einen so genannten Arbeitnehmerüberlassungs-Vertrag, wo das Honorar und die Art und Dauer des Einsatzes beschrieben ist. Die Dauer des Einsatzes ist gesetzlich nicht begrenzt. Der Gesetzgebenr beabsichtigt, eine zeitliche Begrenzung wieder einzuführen.

Jobmessen

Auf Jobmessen präsentieren Unternehmen ihr Angebot an freien Stellen. Die Frage ist, ob sich der Aufwand lohnt, als Arbeitgeber an einer solchen Messe teilzunehmen. Solche Veranstaltungen gibt es mittlerweile in allen Regionen der Republik, wo Unternehmen nicht nur erfahrene Bewerber suchen, sondern auch Anfänger, also Auszubildende und Hochschulabsolventen.

Anreize: Mitarbeiter werben neue Kollegen

Unternehmen stehen bei der Suche nach qualifizierten Fach- und Führungskräften im Wettbewerb. Sie müssen sich Gedanken machen, wie sie ihre Attraktivität als Arbeitgeber steigern können. Das ist auf der einen Seite die Qualität der Dienstleistung oder der gute Ruf ihrer Produkte, andererseits auch das Betriebsklima, das sich auch in einer niedrigen Fluktuationsrate niederschlägt.

Nicht nur Großfirmen wie der Otto-Versand, sondern auch ambulante Pflegedienste zahlen Prämien an ihre Mitarbeiter, wenn sie auf Empfehlung neue Kollegen einstellen. Die Unternehmen zahlen nach der Probezeit Prämien zwischen 500 und 3000 Euro (Quelle: Öchsner, Thomas: Wenn der Chef Kopfgeld zahlt. In Süddeutsche Zeitung 26.9.2011).

Prämien zu zahlen hat überhaupt nichts Anrüchiges und wird indirekt in Wirtschaftsunternehmen immer schon praktiziert, nämlich durch Anzeigen oder Berater (Direktansprache), Mitarbeiter mit attraktiven Bedingungen abzuwerben. Familienfreundliche Arbeitsplätze, Kinderbetreuung, flexible Arbeitszeiten und Weiterbildungsangebote reichen oft nicht mehr aus im Kampf um die knappen Fachkräfte.

Gute „Werbeträger" sind die eigenen Mitarbeiter, die positiv über ihre Arbeit und den Arbeitgeber sprechen. Wenn Sie Zweifel haben, ob ihre Mitarbeiter ein positives Bild haben, sollten Sie eine Mitarbeiterbefragung organisieren, um herauszufinden, wo die Schwachstellen liegen und was man verbessern sollte. Wenn man als Arbeitgeber überzeugt ist, ein attraktiver Arbeitgeber zu sein, dann sollte man das auch in der Außendarstellung herausstellen, auf der Homepage, in Stellenanzeigen und bei Betriebsfeiern oder beim Tag der offenen Tür.

5. Vorauswahl: Die schriftliche Bewerbung

Die Selbstpräsentation des Bewerbers beginnt mit seiner schriftlichen Bewerbung. Die schriftliche Bewerbung sollte vollständig und aussagefähig sein, Form und Aufmachung ansprechend und die Unterlagen (Bewerbungsschreiben, Lebenslauf, Zeugnisse) in einer Bewerbungsmappe chronologisch geordnet sein, d.h. zuerst das Bewerbungsschreiben, dann der Lebenslauf, das neueste Arbeitszeugnis usw.

Zu einer schriftlichen Bewerbung gehören:

- Bewerbungsschreiben (max. 1 Seite)
- Tabellarischer Lebenslauf (max. 2 Seiten)
- Schulzeugnisse (Abschlusszeugnisse)
- Arbeitszeugnisse
- Arbeitsproben (z.B. Graphiker, Werbefachleute, Journalisten)

Hierzulande ist es üblich, den Lebenslauf mit Ort, Datum und Unterschrift zu versehen. In englischsprachigen Ländern ist das nicht der Fall. Auch das Foto ist hierzulande nach wie vor ein Bestandteil der schriftlichen Bewerbung.

Initiativbewerbung (Kurzbewerbung)

Das gibt es heute kaum noch, dass Bewerber ihre Bewerbungsmappe auf gut Glück an Firmen schicken. Es genügt, wenn Bewerber eine Kurzbewerbung schicken: Bewerbungsschreiben und Lebenslauf. Bewerber schicken die Kurzbewerbung an Firmen, die Mitarbeiter mit ähnlicher Ausbildung und Berufserfahrung beschäftigen. Sie hoffen, dass vielleicht gerade eine Stelle frei geworden ist oder in absehbarer Zeit frei wird, die für den Bewerber in Frage kommt. Wer die Bewerbung online verschickt, spart Zeit und kann damit mit einem Schlag 20, 50 oder gar hundert Firmen erreichen und außerdem die Portokosten sparen.

Bewerbungsschreiben

Die meisten können es nicht besonders gut: Ein Bewerbungsschreiben formulieren, das Eindruck macht. Viele Bewerbungsschreiben gleichen sich wie ein Ei dem anderen. Es ist offenbar nicht ganz einfach, auf knappem Raum (1 DIN-A4-Seite) seine Qualifikation in einer klaren und lebendigen Sprache darzustellen. Manche Bewerber tun sich schwer, in einem Bewerbungsschreiben zu formulieren, was sie einer Firma zu bieten haben.

Mit dem Bewerbungsschreiben sollten Bewerber Aufmerksamkeit wecken und positive Gefühle beim Leser auslösen:

- Hört sich gut an, was sie da schreibt! Sie könnte uns vielleicht helfen, unsere Probleme zu lösen.

- Dieser Bewerber könnte vielleicht zu uns passen: Was er schreibt, wirkt frisch. Er ist offenbar voller Tatendrang.

- Wenn es stimmt, was sie schreibt, hat sie bisher gute Arbeit geleistet. Sie könnte auch ein Gewinn für unser Pflegeteam sein.

- Aus dem, was und wie sie es schreibt, muss man schließen, dass sie Freude an ihrer Arbeit hat. Sie wäre bei uns gut aufgehoben.

Wer heute Bewerbungen sichtet, hat weder Lust noch Zeit, fünfzig oder mehr Bewerbungen zu lesen. Das Bewerbungsschreiben liest der Empfänger immer. Folglich muss das Schreiben das Wichtigste über den Bewerber enthalten: Was kann er? Und warum kommt er für die Stelle infrage?

Lebenslauf

Auch beim Lebenslauf hat sich in den letzten dreißig Jahren etwas verändert. Man schreibt den Lebenslauf nicht mehr mit der Hand, es sei denn, in der Stellenanzeige wird das ausdrücklich gefordert. Dann will der Stellenanbieter mit Hilfe eines grafologischen Gutachtens aus der Handschrift die Persönlichkeit des Bewerbers beurteilen. Eine Methode, die umstritten ist.

Heute ist der tabellarische Lebenslauf üblich, mit Schreibmaschine oder PC geschrieben, wobei es der Vorliebe des Verfassers überlassen bleibt, ob er beim Berufsweg chronologisch vorgeht oder die umgekehrte Form wählt und die gegenwärtige Tätigkeit zuerst beschreibt wie im angloamerikanischen Raum üblich

Die Frage, ob die Interessen und Hobbys in den Lebenslauf gehören, kann man nicht verbindlich beantworten. Ich habe in einem Lebenslauf gelesen: Hobbys u.a. "Vorstandsmitglied der schlagenden Verbindung XYZ". Es könnte sein, dass sich der Bewerber Vorteile davon versprochen hatte, dies im Lebenslauf zu erwähnen. Aber der Schuss kann auch nach hinten losgehen. Es gibt Personalchefs, die von Leuten in schlagenden Verbindungen nicht viel halten und Bewerber mit solchen Vorlieben nicht einstellen.

In angloamerikanischen Ländern beschränkt man sich bei einer schriftlichen Bewerbung auf das Bewerbungsschreiben (covering letter) und den Lebenslauf (resume oder curriculum vitae).

Alle wichtigen Informationen müssen im Lebenslauf stehen: Aus- und Weiterbildung, Tätigkeiten (Verantwortung), Stärken und wie sie eingesetzt wurden.

Arbeitszeugnisse: Bedeutung für die Bewerberauswahl

Man hört immer öfter, dass Arbeitszeugnisse für die Bewerberauswahl so gut wie keine Bedeutung mehr hätten, weil sie sich gleichen wie ein Ei dem anderen und nur gute und sehr gute Beurteilungen enthielten. Diese Ausage ist statistisch belegt. Das hat mehrere Ursachen. Arbeitgeber dürfen dann die Arbeitsleistung eines Mitarbeiters nicht negativ beurteilen, wenn die Leistung nicht mit einer arbeitsrechtlichen Abmahnung gerügt worden ist. Um Streit und Arbeitsgerichtsprozesse zu vermeiden, gibt es so gut wie keine schlechten Noten (Zeugniscode).

Nicht wenige Zeugnisse sind in sich widersprüchlich. Wenn auch die Gesamtbeurteilung gut ausfällt ("stets zu unserer vollen Zufriedenheit"), fehlen oft entscheidende Dinge, wie etwa der Hinweis auf das selbständige Arbeiten. Bei Führungskräften fehlt häufig die Beurteilung der Führungskompetenz und der Führungsleistung. Es ist nicht immer eindeutig zu beurteilen, ob das Weglassen absichtlich oder aus Nachlässigkeit erfolgte.

Die Vorauswahl in drei Schritten

Würde man streng logisch vorgehen, müsste man eine Liste anlegen und für jeden Bewerber einen Soll-Ist-Vergleich vornehmen. Die Anforderungen (Soll) werden den Fähigkeiten, Berufserfahrung und Arbeitserfolgen gegenüber gestellt. Das wäre sehr aufwändig. In der Praxis wird daher mit einem Mix aus Intuition und Verstand folgendermaßen verfahren.

1. Schritt

Man verschafft sich zunächst einen Eindruck über das Erscheinungsbild der Bewerbung und liest Bewerbungsschreiben und Lebenslauf. Ist beides ansprechend und kommt dem Anforderungsprofil schon recht nahe, wird die Bewerbung auf den Stapel **vielleicht** gelegt.
Bestehen jetzt bereits Zweifel an der Eignung, landen die Unterlagen auf dem Stapel **nein**, was eine Absage zur Folge hat.

2. Schritt

Jetzt liest der Personalreferent bzw. Personalberater die vollständigen Bewerbungen vom Vielleicht-Stapel. Jetzt spielen Schul- und Arbeitszeugnisse, Weiterbildungsnachweise und Arbeitsproben eine Rolle. Bei diesem zweiten Durchgang spielen die Gefühle die größere Rolle:
- Bewerber hat uns neugierig gemacht.
- Könnte die Position ausfüllen.
- Bewerber erweckt den Eindruck, er könnte das Unternehmen voranbringen.
- Wir müssen den Bewerber unbedingt kennen lernen.

3. Schritt

Sechs bis acht Bewerber erhalten eine Einladung zum Interview, zwei bis drei Bewerber einen Zwischenbescheid (könnten in Frage kommen, Reserve), der Rest erhält eine Absage.

6. Das Interview

Interviewfragen

Einstiegsfragen

Erzählen Sie uns etwas über sich und ihren beruflichen Werdegang

Geben Sie uns einen kurzen Abriss Ihres beruflichen Werdegangs

Beschreiben Sie uns kurz Ihre jetzige Tätigkeit: Aufgaben und Verantwortung

Welche unerledigten Aufgaben liegen noch auf Ihrem Schreibtisch?

Ausbildung / Studium

Sie haben den Beruf eines ...... erlernt. Wie sind Sie darauf gekommen?

Sie haben ...... studiert. Warum?

Sie haben das Studium abgebrochen. Warum?

Konnten Sie zügig studieren?

Wie haben Sie das Studium finanziert?

Was war das Thema Ihrer Diplomarbeit?

Erzählen Sie uns etwas über Ihre Praktika?

Wissen, Können, Erfahrung

Beschreiben Sie kurz Ihre Berufserfahrung

Nennen Sie uns ein fachliches Problem, das Sie gelöst oder eine schwierige

Aufgabe, die Sie bewältigt haben?

Auf welchem Gebiet sind Sie ein Experte?

Die Art und Weise wie jemand arbeitet, nennt man wohl Arbeitsstil. Wie würden Sie Ihren Arbeitsstil beschreiben?

Haben Sie konzeptionelle Fähigkeiten? Können Sie Beispiele nennen?

Lernbereitschaft / Weiterbildung

Was tun Sie, um Ihr Fachwissen auf dem aktuellen Stand zu halten?

Was haben Sie für Ihre berufliche Weiterbildung getan?

Aus welchem Fehler haben Sie am meisten gelernt?

Was wollen Sie unbedingt noch lernen?

IT-Kenntnisse

Welche PC- und EDV-Kenntnisse besitzen Sie, und wie haben sie diese erworben?

Sprachkenntnisse

Entsprechend den Anforderungen, z. B. „Englisch fließend". Man kann auch bei Interviewbeginn mit dem Bewerber vereinbaren, dass bestimmte Fragen auf Englisch gestellt werden. Zum Beispiel:

Where do you see your strengths?

What qualifications do you have that make you feel that you will be successful in your field?

Describe a difficult problem you have had to deal with.

Describe a time you made a mistake on the job. How did you resolve it? What did you learn?

How would you describe yourself?

How do you spend your leisure time?

What salary did you have in mind?

Why should we hire you? Call us four reasons.

Organisationstalent / Improvisationsvermögen

Wie stark ist Ihr Organisationstalent ausgeprägt? Geben Sie uns ein Beispiel.

Geben Sie uns eine Kostprobe Ihres Organisationstalents.

Was ist bei Ihnen stärker ausgeprägt, das Organisationstalent oder das Improvisationsvermögen?

Wie haben Sie Ihre eigene Arbeit und Ihren Arbeitsplatz organisiert? Welche Hilfsmittel setzen Sie ein?

Kreativität / Ideen

Nennen Sie uns eine Idee, die Sie ausgearbeitet haben, und die auch umgesetzt worden ist.

Mit welcher Idee konnten Sie sich nicht durchsetzen?

Initiative

Nennen Sie uns ein Beispiel, wann Sie die Initiative ergriffen haben, um eine Situation, einen Arbeitsablauf zu ändern oder eine Personalentscheidung zu treffen?

Verkaufstalent

Waren Sie schon einmal an einer Markteinführung eines neuen Produkts beteiligt?

Was haben Sie getan, um dem Produkt zum Erfolg zu verhelfen?

Was macht einen guten Verkäufer aus?

Empathie

Wann fällt Ihnen das Zuhören schwer?
(Verkäufer) Woher wissen Sie, was Kunden wollen?

Veränderungsbereitschaft / Flexibilität

Was fällt Ihnen zu dem Satz ein: Kundenwünsche haben Vorrang

Was hat sich für Sie in letzter Zeit im Unternehmen oder an Ihrem Arbeitsplatz verändert, und wie haben Sie sich darauf eingestellt?

Verantwortungsbereitschaft

Tragen Sie die Verantwortung für Ihre Arbeit oder arbeiten sie weitgehend auf Anweisung?

Können Sie uns ein Beispiel nennen, wann Sie freiwillig und zusätzlich zu Ihrer Arbeit Aufgaben übernommen haben?

Kontaktfähigkeit

Beschreiben Sie den Kontakt zu Ihren Kunden

Beschreiben Sie die Beziehung zu Ihrem Chef und die Zusammenarbeit mit Ihren Kollegen.

Verhandlungsgeschick

Als Führungskraft müssen Sie auch Verhandlungen führen. Können Sie uns an einem Beispiel zeigen, wie Sie sich darauf vorbereiten?

Sie besitzen Verhandlungsgeschick. Richtig? Was haben Sie getan, um diese Fähigkeit zu entwickeln?

Verlässlichkeit

Was macht Sie zu einem verlässlichen Partner? Können Sie ein Beispiel nennen?

Kommunikation, Kooperation

Arbeiten Sie lieber alleine oder mit anderen zusammen?

Wann arbeiten Sie gerne für sich alleine und wann in einer Arbeitsgruppe?

Wo Menschen zusammenarbeiten gibt es Konflikte. Vergegenwärtigen Sie sich einen Konflikt. Wie sind Sie damit umgegangen?

Stärken / Arbeitsergebnisse

Welche Stärken konnten Sie bei Ihrer Arbeit als ....einsetzen und welche nicht?

Können Sie in zwei Sätzen sagen, wofür Sie bezahlt werden?

Was ist Ihr Beitrag zum Unternehmensganzen, zum Erfolg des Unternehmens?

Was können Sie am besten?

Wie beurteilt Ihr Chef Ihre Leistung?

Selbsteinschätzung: Sind Sie erfolgreich mit Ihrer Arbeit?

Worauf sind Sie stolz?

Erzählen Sie uns eine Ihrer Erfolgsgeschichten

Und wie wäre es mit einer Geschichte, bei der es schief gelaufen ist?

Was war bisher Ihr größter beruflicher Erfolg?

Vieles gelingt, manches nicht. Was ist Ihnen misslungen?

Führungsqualitäten

Welche Führungserfahrung haben Sie?

Wie führen Sie ihre Mitarbeiter?

Beschreiben Sie bitte die Beziehungen zu ihren Mitarbeitern? Welches Verhältnis haben Sie zu Ihren Leuten?

Es gibt leistungsstarke und leistungsschwache Mitarbeiter und viele dazwischen. Wie ist das bei Ihren Leuten?

Haben Sie das Gefühl, dass Sie von ihren Mitarbeitern akzeptiert werden? Woran merken Sie das?

Haben Sie sich schon einmal von Mitarbeitern trennen müssen? Wie sind Sie dabei vorgegangen?

Können Sie eine Situation schildern, bei der Sie ein Machtwort sprechen mussten?

Was halten Sie von schriftlichen Abmahnungen?

Ihre Mitarbeiter vertrauen Ihnen, oder? Wie haben Sie es geschafft, das Vertrauen zu gewinnen?

Wie unterstützen Sie das Engagement Ihrer Mitarbeiter?

Wie denken Sie über Ihren (letzten) Chef?

Was war bisher für Sie die schwierigste Entscheidung?

Mut zum Risiko: Haben Sie eine persönliche Erfahrung?

Wann haben Sie zuletzt zu einem Ihrer Mitarbeiter, Kollegen oder Vorgesetzten gesagt: „Ich habe mich geirrt."

In welchem Punkt haben Sie in letzter Zeit Ihrem Chef widersprochen?

Ein Mitarbeiter hat einen gravierenden Fehler gemacht. Wie gehen Sie damit um?

Fehler als Lernerfahrung. Können Sie damit etwas anfangen?

Sie geben einem Mitarbeiter einen Auftrag und stellen später fest, dass er nicht erledigt ist. Was tun Sie?

Veränderungen erzeugen Widerstand. Können Sie ein Beispiel nennen, wie Sie solche Widerstände überwunden haben?

Was ist bei Ihnen unfaires Verhalten?

Wie kontrollieren Sie Ihre Mitarbeiter?

Was macht einen guten Mitarbeiter aus. Was muss er / sie können?

Abschlussfragen

Warum wollen Sie die Stelle wechseln?

Nennen Sie vier Gründe, warum wir gerade Sie einstellen sollten?

Warum wäre es ein Fehler, Sie nicht einzustellen?

Sonstige Fragen:

Was machen Sie in Ihrer Freizeit?

Was haben Sie sich als Gehalt vorgestellt?

Wann könnten Sie frühestens bei uns eintreten?

Haben Sie als Bewerber noch Fragen an uns?

Suggestivfragen vermeiden

Rhetorische Fragen sind bekanntlich Fragen, auf die der Fragensteller keine Antwort erwartet. Beim Interview werden gelegentlich Suggestivfragen gestellt, die rhetorischen Fragen sehr nahe kommen, weil die Antworten keinen Erkenntnisgewinn bringen. Aus Erfahrung weiß ich, dass solche Fragen tatsächlich gestellt werden.

Beispiele:

Sind Sie belastbar?

Besitzen Sie Eigeninitiative?

Welche Rolle spielen Gefühle in Ihrem Leben?

Sind Sie eher ein emotionaler oder ein rationaler Mensch?

Hatten Sie eine eher freiheitliche oder eine strenge Erziehung, und wie sind Sie damit umgegangen?

Sind Sie eher ein Optimist oder ein Pessimist?
(Die Firma braucht nicht nur Optimisten sondern auch Mitarbeiter, die eher skeptisch sind, zum Beispiel Controller)

Fällt es Ihnen leicht, Kontakt zu potentiellen Kunden herzustellen?

Wie bewerten Sie die Zusammenarbeit mit Ihren Kollegen? (Teamfähigkeit)

Überflüssige und dumme Fragen (aus dem Internet)

Fällt es Ihnen schwer, Entscheidungen zu treffen?

Schätzen Sie sich als Führungskraft oder als Mitarbeiter ein?

Welche Vorbilder haben Sie?

Sind Sie Mitglied im Betriebsrat? (nicht zulässig!)

Möchten Sie in der nächsten Zeit eine Familie gründen?

Sind Sie bereit, Überstunden zu machen?

Was das Gesicht verrät

Bewerber wollen einen guten Eindruck machen. Das fängt bei der Begrüßung an. Ein Lächeln signalisiert eine freundliche, optimistische Grundhaltung. Entwicklungsgeschichtlich lässt sich sagen, dass Primaten ihren Artgenossen mit dem Entblößen der Zähne zeigen wollen, dass sie ihnen freundlich gesinnt sind. Wer lächelt, gewinnt.

Lächeln gilt als Ausdruck von Freude, Zufriedenheit, körperliches Wohlbefinden und manchmal auch von Humor. Wer annimmt, dass alle Bewerber bei der Begrüßung lächeln, täuscht sich. Gute Verkäufer dagegen wissen um das Lächeln. Es ist eine besonders wirkungsvolle Strategie. Empirische Untersuchungen haben gezeigt, dass lächelnde Menschen freundlicher und attraktiver wahrgenommen werden.
Der amerikanische Sozialpsychologe Robert Rosenthal von der Harvard University hat herausgefunden, dass wir alle mit dem Gesicht am Besten lügen können.

Woran erkennt man ein falsches Lächeln? Die Augen müssen mitlachen, nicht nur der Mund. Die Mundpartie wird einem relativ leicht fallen. Den Lächelmuskel kann man willkürlich steuern. Doch dies gelingt nicht beim Musculus orbicularis oculi (Augenringmuskel), da dieser sich unwillkürlich bewegt.

Aus einem Interview mit dem amerikanischen Psychologen Paul Ekman (Süddeutsche Zeitung 24.1.2009):

Frage: Warum ist es für Sie so einfach, im Gesicht eines anderen zu lesen?

Ekman:
Es sind nur 43 Muskeln, mit denen wir mehr als 10.000 Gesichtsausdrücke erzeugen können, und ich habe alle gesehen (…). An Tagen, an denen wir stundenlang wütende oder depressive Ausdrücke übten, mussten wir uns eingestehen, dass es uns miserabel ging. Wenn wir auf unseren Gesichtern Glück und Zufriedenheit simulierten, waren wir anschließend tatsächlich bester Laune (…). Schauspieler kennen das. Stanislawski, der Theaterpädagoge, hat immer gesagt: >Mach die Geste, das Gefühl folgt nach<.

Aus den Bewegungen der Gesichtsmuskeln konstruiert das Gehirn eine Empfindung. Wenn sich die Augenwinkel und der Mund zu einem echten Lächeln verziehen, steigt die Stimmung. In Experimenten stellte sich nun heraus, dass Menschen, die unbewusst den Ausdruck eines anderen Gesichts stärker übernehmen, zugleich mitfühlender sind.

Gesichtsausdruck bei Bewerbern

Welche Gefühle können wir den Bewerbern vom Gesicht ablesen? Verlegenheit, Freude, Hoffnung, Unsicherheit, Angst, Selbstsicherheit, Aufgeregt sein, Schüchternheit, Begeisterung.

Charakteristisch für Gefühle ist auch, dass sie mit deutlichen körperlichen Empfindungen einhergehen und dass sie unser Verhalten beeinflussen. Das Herz hüpft vor Freude, der Angstschweiß steht uns auf der Stirn, unsere Knie schlottern, wir lassen traurig die Schultern hängen, sind kreidebleich vor Schreck, hochrot vor Zorn, bekommen Stielaugen und werden grün (oder gelb) vor Neid.

Bezogen auf das Interview und weniger prosarisch ausgedrückt: Flaues Gefühl im Magen, nervös am Kopf kratzen oder sich an die Nase fassen. Es gehöre ein langes Training dazu, sich trotz innerer Erregung äußerlich ganz ruhig zu verhalten.

Wir konzentrieren uns beim Interview auf den Gesichtsausdruck und die Stimme des Bewerbers als Ergänzung für die Bewertung des verbalen Verhaltens und des Gesamteindrucks. Stimmt Emotion und Gesichtsausdruck sowie Stimme überein?
Einer der Interviewer konzentriert sich auf die Körpersprache, hauptsächlich auf die Mimik des Bewerbers und hält seine Beobachtungen schriftlich fest.

Sind die Erkenntnisse Ekmans auch bei der Bewerberauswahl von Nutzen? Das Gesicht, so Ekman, verrät ständig den Gemütszustand. Man bemerkt, wenn der Gesichtsausdruck nicht mit dem übereinstimmt, was jemand sagt.
Warum jemand sein Innerstes nicht verbergen kann, liegt an der besonderen Verdrahtung im Gehirn eines jeden Menschen. Während die Worte von bewussten Area-

len gesteuert werden, gehorcht die Gesichtsmotorik einem unbewussten Areal und zeigt den Bruchteil einer Sekunde lang ihre wahren Gefühle.

Aus den Bewegungen der Gesichtsmuskeln konstruiert das Gehirn eine Empfindung. Wenn sich die Augenwinkel und der Mund zu einem echten Lächeln verziehen, steigt die Stimmung.

Setzt ein Gefühl ein, werden im selben Augenblick auch Emotionssignale sichtbar. Falls das Gefühl anhält, färbt es die Stimme, der Gesichtsausdruck muss sich nicht zwangsläufig verändern. Ein Gefühl, das wir nicht haben, können wir auch nicht glaubwürdig mit unserer Stimme simulieren. Das können die meisten von uns nicht. Einen Gesichtsausdruck vorzutäuschen ist dagegen längst nicht so schwierig. Die Stimme vermittelt nur selten falsche emotionale Botschaften.

Wie der Bewerber beim Interview wahrgenommen wird und was wir aus dem Gesicht lesen, sind Informationen, die bei der Entscheidung, wer eingestellt wird, durchaus eine Rolle spielen.

Die Stimme

Hat der Bewerber eine angenehme, sympathische Stimme? Oder klingt seine Stimme arrogant und abweisend? Ist seine Stimme warm und sanft oder eher kühl und schnarrend?

Die Stimme verrät unsere Gefühle. Sie zeigt dem Gesprächspartner, wie man sich fühlt. Menschen mit tiefer Stimme werden als reifer, kompetenter und sympathischer eingestuft als Menschen mit hoher Stimme. Eine kräftige, aber nicht zu laute Stimme wird mit Vitalität und Extrovertiertheit in Verbindung gebracht; eine hohe und leise Stimme dagegen mit Schüchternheit und mangelnder Durchsetzungsfähigkeit.

Forscher der Harvard University haben bei Versuchspersonen festgestellt, dass dem Tonfall eine Schlüsselfunktion zukommt. Mag es einem Bewerber noch gelingen, seinen Zorn mit einem Lächeln zu verbergen, wird er es kaum schaffen, seinen Zorn in seiner Stimme zu unterdrücken.

Wer als Bewerber dauernd leise und monoton spricht, wirkt ermüdend. Die Stimme sollte der Situation angemessen sein. Es wird ein ständiger Wechsel sein: Lautstärke, Dehnung, Stimmhöhe, Sprechgeschwindigkeit.

Soziale Kompetenz

Der Begriff „Soziale Kompetenz" ist vieldeutig. Verwandte Begriffe sind auch soziale Intelligenz, emotionale Intelligenz, soziale Fähigkeiten. Bei der Personalauswahl spricht man einerseits von Fachkompetenz, was neben den fachlichen Kenntnissen und Fähigkeiten auch die Methodenkompetenz einschließt, andererseits von Sozialkompetenz, von Softskills, was auch Persönlichkeitsmerkmale einschließen kann. Die Kriterien sind: Wertschätzung, Achtung, Einfühlungsvermögen, Konflikt- und Kommunikationsfähigkeit, Kooperationsfähigkeit, Kontaktfähigkeit, Veränderungsbereitschaft, Hilfsbereitschaft, Glaubwürdigkeit, Verlässlichkeit, offen für neue Erfahrungen und Führungseigenschaften wie zum Beispiel Verantwortungsbereitschaft, Durchsetzungsvermögen, Begeisterungsfähigkeit, und die Fähigkeit, Beziehungen herzustellen und Vertrauen zu gewinnen.

Die Frage nach den Stärken und Schwächen

Fragt ein Interviewer nach den Stärken, kommen den meisten Bewerbern die Worte leicht über die Lippen. Aber bei der Frage nach den Schwächen geraten viele ins Stocken. Wie sollen Bewerber darauf auch reagieren? Schließlich möchten sie sich von ihrer guten Seite zeigen, um den Job zu bekommen. Die *Frankfurter Allgemeine Zeitung* hat in einem Fragebogen u.a. die Frage gestellt: Was ist Ihr größter Fehler? Viele Prominente wie der Literaturkritiker Marcel Reich-Ranicki oder der Schauspieler Til Schweiger haben die gleiche Antwort gegeben: Ungeduld. Wer Einstellungsinterviews mit Führungskräften führt, kennt solche Antworten. Der Erkenntnisgewinn ist gleich null. Denn eigentlich reden sie von einer Stärke: Es geht ihnen alles nicht schnell genug; sie werden den Mitarbeitern schon Beine machen.

Die Frage nach den Schwächen ist überflüssig, weil die Antwort keinen Erkenntnisgewinn für die Personalauswahl bringt. Jeder Mensch hat bekanntlich Schwächen, und ein Unternehmen ist eigentlich nur an den Stärken interessiert.

Wer Personal auswählt und täglich „Erfolgsgeschichten" hört, weiß natürlich, dass zum Erfolg auch das Scheitern gehört.

Woran arbeiten Sie? Wurde Keuner gefragt. Er antwortete: „Ich habe viel Mühe, ich bereite meinen nächsten Irrtum vor" (Bert Brecht: Geschichten vom Herrn Keuner).

Die Frage nach Misserfolgen

In der Wissensgesellschaft von heute, schreibt Peter Drucker, werde von jedem erwartet, dass er Erfolg hat.
Was sind Verlierer, Gescheiterte? Punker, Penner, Fixer, Berber, Obdachlose? Oder die im Gefängnis sitzen: Diebe, Verkehrsrowdys, Kinderschänder, Mörder?
Gehören auch die dazu, die trotz Erfolg und Ruhm im Leben gescheitert sind, wie der finnische Skispringer und Olympiasieger, der dem Alkohol verfallen ist, Schulden und uneheliche Kinder hat?

Eigentlich sind wir doch alle Verlierer, auch wenn unsere Fehlerserie gelegentlich durch Erfolg unterbrochen wird. Das gilt auch für „bedeutende" Menschen. „Ich habe Einfluss, Macht und viel Geld", sagt ein Wirtschaftsboss, „aber als Ehemann und Vater bin ich ein Versager". Der Erfolg eines Mannes, so der amerikanische Essayist Ralph Waldo Emerson, setzt sich aus Fehlschlägen zusammen, „denn er erprobt und wagt sich täglich, und je öfter es ihn niederwirft, desto entschlossener geht er vorwärts."

Die Angst vor dem Scheitern sitzt tief. Das Konkurrenzsystem Schule sorgt bei den meisten für den ersten großen Misserfolg. Schlechte Noten und Sitzen bleiben sind für viele der Schock ihres Lebens, von dem sie sich nicht mehr erholen. Das Scheitern lernten sie nicht, meint Martin Walser (SPIEGEL 22/02), obwohl sie im Verlieren wichtigere Erfahrungen machen könnten als beim Gewinnen. Der Erfolgsdruck wächst mit derselben Stärke wie die Angst vor dem Versagen. Flexibilität erzeuge Angst, schreibt Richard Sennet in seinem Buch „Der flexible Mensch". Er fordert dazu auf, das Tabu des Scheiterns zu brechen und plädiert für ein „Scheitern ohne Scham und Schuldgefühl."

Die meisten „erfolgreichen" Menschen haben wahrscheinlich mehr Fehlschläge hinter sich als andere, weil sie mehr ausprobiert haben. Scheitern lernen heißt, eine Formel zu finden, die zeigt, dass Scheitern eine Form ist, Idealisierungen, Selbstüberschätzungen und Illusionen zu überwinden. Jedes Scheitern stärkt den Sinn für die Wirklichkeit.

Fragen wir die Bewerber nach Beispielen, was bei ihrer Arbeit schiefgelaufen oder misslungen ist. Wichtig dabei ist zu erfahren, welche Schlüsse der Bewerber aus dem Misslingen gezogen hat.

Was will ein Unternehmen von einem Bewerber wissen? Welche Erfolge er vorzuweisen hat, aber auch, woran jemand gescheitert ist und was er aus den Fehlern gelernt hat. Daher sollte die Frage konkreter sein. Was war bisher ihr größter beruflicher Erfolg, was ihr größter „Flop"? Worauf sind Sie stolz, an welcher Aufgabe, welchem Projekt sind Sie gescheitert?

Selbsteinschätzung

Das Bild vom eigenen Selbst erscheint reichlich verzerrt. Dies legt die Lektüre einer umfassenden Analyse nahe, die im Fachmagazin >Perspective on Psychological Science< (Bd. 9, S.111,2014) erschienen ist. Darin fassen die beiden Psychologen Ethan Zell von der University of North Carolina und Zlatan Krizan von der Iowa State University 22 Metastudien mit insgesamt mehr als 200 000 Teilnehmerin zu der Frage zusammen, wie zutreffend Menschen sich selbst einschätzen können. Die kurze Antwort lautet: Die Mehrheit liegt ziemlich weit daneben, wenn sie die eigenen Fertigkeiten in verschiedenen Bereichen einschätzen sollen.
(Quelle Süddeutsche Zeitung „Wir sind alle Helden", 29.3.2014)

Was bedeutet das für die Bewerberauswahl? Aus eigener Erfahrung weiß ich, dass sich Bewerber in ihren Bewerbungsschreiben und im Interview ein wenig besser darstellen als sie in Wirklichkeit sind. Mein Eindruck ist, dies hält sich im Rahmen dessen, in einem positven Licht zu erscheinen. Im Bewerberinterview hat man schon eher die Chance, tiefer zu bohren, um herauszufinden, welche Fähigkeiten und Fertigkeiten der Bewerber bisher mit welchen Ergebnissen einsetzen konnte.

Selbstdarstellung des Bewerbers

Auf einer Party, bei einer Konferenz, bei Kundenpräsentationen oder beim Bewerberinterview präsentieren wir uns selbst. Wir wollen Eindruck machen und uns von der besten Seite zeigen. Das ist ein Grundbedürfnis des Menschen und deshalb selbstverständlich.

Warum sind einige Menschen bessere Selbstdarsteller als andere? Sie achten darauf, wie sich ausdrücken und darstellen. Die entscheidende Frage ist: Wie möchte ich von anderen gesehen werden? Möchte ich jemand anders sein, eine neue Rolle ausprobieren oder für mich ein neues Verhalten testen? Als Gefühlsmensch sehne ich mich vielleicht danach, cool und beherrscht zu wirken. Als Verstandesmensch möchte ich menschlich" wirken, Gefühle zeigen und sie verbal angemessen ausdrücken.

Bei der Partnersuche ist die positive Selbstdarstellung eine Selbstverständlichkeit. Hier wird jede Zurückhaltung und Bescheidenheit aufgegeben. Wer einen Partner oder eine Partnerin mit einer Anzeige sucht, verstärkt seine positiven Eigenschaften, übertreibt gerne ein wenig, aber oft mit viel Fantasie und entwaffnender Offenheit. Viel benutzte Wörter sind: Unkonventionell, individualistisch, attraktiv, rothaarig, rassig, Vollblutweib, vorzeigbar. Sie sagen, dass sie eine ehrliche Beziehung suchen und eine offene Partnerschaft anstreben.

Heiratsinstitute betreiben ihr Geschäft wie Werbeagenturen, die für Konsumartikel werben. Sie sprechen die Gefühle an: *Wer sagt „Hallo", wenn ich nach Hause komme, wer macht dem Hund die Dose auf?*
Bei den Heiratsinstituten gibt es nur junge, gutaussehende, häusliche und anschmiegsame Frauen. Sie besitzen alle Vorzüge, nur: Sie sind einsam.

Wir tragen alle Masken. Eine Maske zu tragen gehöre zum Wesen der Zivilisiertheit, meint der amerikanische Soziologe Richard Sennet. Selbstdarsteller gelten als Blender, Angeber, Bluffer, Aufschneider und Lügner. Dabei ist die Selbstdarstellung, die Selbstinszenierung, das Eindruck machen auf andere etwas Selbstverständliches. Wir tun es jeden Tag. „Impression Management" bezeichnen amerikanische Sozialpsychologen die Strategie und Techniken, die wir benutzen, um unseren Eindruck auf andere zu steuern, um andere zu beeinflussen.

Gute Selbstdarsteller sind äußerst geschickt darin, ihre Gefühle verbal und nonverbal auszudrücken und damit einen bestimmten, positiven Eindruck zu vermitteln. Sie finden blitzschnell heraus, welche Form der Selbstdarstellung welcher Situation angemessen ist. Sie beteiligen sich aktiv an der Kommunikation. Sie treten häufig als Wortführer auf und bevorzugen Freunde für die Selbstdarstellung keine besondere Bedeutung hat.

Selbstdarsteller besitzen die Fähigkeit, ihr Verhalten zu kontrollieren und wenn notwendig zu korrigieren. Verkäufer, Fernsehmoderatoren, Strafverteidiger und Berufsschauspieler sind gute „Impression Manager".

Starke Selbstdarsteller beherrschen die Technik der Steuerung und Beeinflussung. Sie sind offen, zeigen Gefühle, schmeicheln, tun anderen einen Gefallen und haben ihre Angst unter Kontrolle. Sie sind flexibel und anpassungsfähig, erwecken den gewünschten Eindruck, verhalten sich der Situation angemessen und pragmatisch.

Beurteilung der Eignung

Welcher Interviewer hatte nach einem Interview nicht schon einmal das Gefühl, dass er genau so schlau ist wie vorher und eigentlich nichts über den Bewerber erfahren hat, was er nicht schon aus der schriftlichen Bewerbung wusste. Man fragt sich, was man falsch gemacht hat, und was man hätte besser machen können?

Wer Mitarbeiter auswählt, beurteilt sie. Diese Beurteilung bezieht sich auf die Eignung des Bewerbers und ist gleichzeitig eine Prognose über das künftige Verhalten am Arbeitsplatz. Wer über die Einstellung von Mitarbeitern entscheidet, sollte sich darüber im Klaren sein, dass die Beurteilung von Leistung, Verhalten und Persönlichkeitseigenschaften eine objektive, allgemeingültige Aussage nicht zulässt. Eine Beurteilung kann nur subjektiv sein und schließt eine Fehleinschätzung nicht aus, weil Menschen eben Fehlern und Schwächen unterliegen. Manche Wissenschaftler wollen uns weismachen, dass man menschliches Verhalten und Persönlichkeitseigenschaften objektiv beurteilen könne. Es gibt keine allgemeingültigen und verbindlichen Richtlinien des Handelns.

Ein Mensch, ein Bewerber kann in seiner Komplexität - wenn überhaupt - nur in einem Gespräch ausgelotet werden. Es ist nicht alles rational fassbar. Es geht um Gefühle, um Sympathie und Antipathie, das Irrationale, um alles, was nur intuitiv erfasst werden kann. Ein Interviewer will einen Bewerber verstehen, seine Motive kennen lernen, seine Widersprüchlichkeiten aufdecken, sein Interesse, seine Leidenschaft, seine Glaubwürdigkeit, was er denkt und fühlt.

Das Ziel dabei ist klar: Ein Interviewer braucht Informationen, um eine Prognose über den beruflichen Erfolg abzugeben. Diese Prognose bleibt aber auch immer Glaube und Hoffnung. Wem es als Bewerber gelingt, einem Interviewer das Gefühl zu vermitteln, dass er am ehesten zum Erfolg des Unternehmens beitragen könnte, hat gute Chancen, eingestellt zu werden.

Ein Einstellungsinterview hat den Zweck, die Eignung des Bewerbers für die angebotene Position festzustellen, und zwar durch Fragen, Aufgaben und Rollenspiele, die sich auf die künftige Tätigkeit beziehen. Das Unternehmen will herausfinden, in welchem Maße der Bewerber den Anforderungen genügt. Dabei spielen auch Sympathie und Abneigung eine Rolle. Je mehr Interviewer und Firmenangehörige an der Auswahl beteiligt werden, desto größer ist die Chance, die Richtigen einzustellen. Es reicht eben nicht, wenn Geschäftsführer, Personalchef und Abteilungsleiter sich für die Einstellung des Bewerbers entscheiden. Wichtig ist auch, dass die künftigen Kollegen eine Zusammenarbeit positiv sehen. Der Kontakt kann zum Beispiel bei der Besichtigung des Arbeitsplatzes hergestellt werden. Dort kann man dann auch ungezwungen, ohne Chef, mit dem Bewerber plaudern. Auch die künftigen Kollegen sollen ihr Votum abgeben, ob Sie bereit sind, mit diesem Mann oder dieser Frau künftig zusammen zu arbeiten.

Halo-Effekt

Wenn beim Gesamteindruck ein einzelnes Merkmal dominiert, wie zum Beispiel das gute Aussehen, dann löst dies automatisch andere positive Eigenschaften aus, wie

Begabung oder Intelligenz; das haben Forscher herausgefunden. Wir mögen Leute, die uns ähnlich sind. Meinung, Charaktereigenschaften, Herkunft, Lebensstil, Kleidung, Alter, Religion, politische Einstellung.

Eine Studie zeigte, dass eine gute äußere Aufmachung der Bewerber in einem simulierten Auswahlgespräch für ihre Einstellungschancen eine größere Bedeutung war, obwohl ihreGesprächspartner behaupten, dass die Erscheinung nur eine kleine Rolle bei ihren Entscheidungen spielte. (Cialdini, 2013)

7. Alles, was Recht ist

Allgemeines Gleichbehandlungsgesetz (AGG)

Das Allgemeine Gleichbehandlungsgesetz (AGG) vom 18. August 2006 (umgangssprachlich Antidiskriminierungsgesetz) regelt den Schutz der Beschäftigten vor Benachteiligung wegen der Rasse, der ethnischen Herkunft, des Geschlechts, der Behinderung, der sexuellen Orientierung, des Alters, der Religion und der Weltanschauung.

Arbeitnehmer, die sich aus den Gründen nach § 1 des AGG benachteiligt fühlen, können sich bei ihrem Vorgesetzten beschweren. Sie können sich auch mit ihrer Beschwerde an den Betriebsrat wenden. Verstößt der Arbeitgeber fahrlässig oder vorsätzlich gegen das Diskriminierungsverbot, hat er den materiellen Schaden zu ersetzen (§ 15 AGG). Hier sind Ansprüche auf Schmerzensgeld gemeint, die durch eine Verletzung des AGG entstanden sind. Dieser Anspruch ist auf drei Monatsgehälter begrenzt. Hier gilt die Umkehr der Beweislast. Üblicherweise liegt die Beweislast beim Kläger (was in den meisten Fällen der Arbeitnehmer wäre), der beweisen muss, dass die Beklagte (hier der Arbeitgeber) gegen ein Gesetz verstoßen hat und dadurch ein Schaden entstanden ist. Nach § 22 AGG wird das Prinzip der Beweislast umgekehrt. Wenn der Arbeitnehmer beweisen kann, dass Indizien eine Benachteiligung vermuten lassen, trifft die Beweislast den Arbeitgeber. Solche Indizien können sich aus Stellenanzeigen, Personalfragebögen oder Arbeitsverträgen ergeben. Der Arbeitnehmer muss nicht beweisen, dass der Arbeitgeber diskriminiert hat. Der Arbeitgeber hat die volle Beweislast.

Diskriminierung wegen des Alters und des Geschlechts

Interne Stellenausschreibungen und externe Stellenanzeigen müssen benachteiligungsfrei sein, also geschlechtsneutral und ohne Alterseinschränkung.

Wer in der Anzeige schreibt „Wir suchen eine junge, engagierte Assistentin der Geschäftsleitung" läuft Gefahr, wegen Verstoßes gegen das AGG verklagt zu werden. Es dürfen auch keine Altersangaben gemacht werden, wie zum Beispiel „Sie sind zwischen 25 und 35 Jahre alt". Auch allgemeiner formulierte Alterseinschränkungen sind unzulässig, wie „Für unser junges Team suchen wir ..." Das Landesarbeitsgericht Düsseldorf hält auch die Formulierung „Berufseinsteiger" für diskriminierend (13 Sa 1198/13).

Auskunftsanspruch abgelehnter Bewerber

Ein abgelehnter Bewerber hat gegenüber dem Arbeitgeber keinen Anspruch auf Auskunft darüber, welcher Bewerber eingestellt worden ist. Die Verweigerung jeglicher Auskunft, so das Bundesarbeitsgericht in einem Urteil vom 25.4.2013 (AZR 287/08), begründe nicht die Vermutung einer unzulässigen Benachteiligung.

Foto bei der schriftlichen Bewerbung

Formulierungen in Stellenanzeigen wie „Bitte schicken Sie uns Ihre vollständigen Bewerbungsunterlagen mit Lichtbild" könnten auch einen Verstoß gegen das Gleichbehandlungsgesetz sein. Die Arbeitgeber in Deutschland werden wohl in Zukunft auf Bewerbungsfotos verzichten müssen, wie das im anglo-amerikanischen Ländern üblich ist. Noch ist es aber übliche Praxis, Urteile gibt es noch nicht.

Zulässige Fragen: Krankheit, Schwerbehinderung, Vorstrafen

Ein Arbeitgeber darf nur insoweit in die Privatsphäre des Bewerbers eindringen, wie er ein „berechtigtes Interesse" hat, d.h. die Fragen müssen unmittelbar mit der künftigen Tätigkeit zusammenhängen. Fragen aus dem Intimbereich sind unzulässig („Nehmen Sie die Pille?"). Das ergibt sich aus Artikel 2 Grundgesetz (Allgemeines Persönlichkeitsrecht). Auch Fragen nach der Gewerkschafts-, Partei- und Religionszugehörigkeit sind unzulässig.

Zulässige Fragen - zum Beispiel über den beruflichen Werdegang - muss der Bewerber wahrheitsgemäß beantworten. Bei einer unzulässigen Frage darf der Bewerber lügen, ohne dass dies rechtliche Folgen für ihn hätte. Wenn zulässige Fragen falsch beantwortet oder Dinge verschwiegen werden, kann der Arbeitgeber den Arbeitsvertrag wegen arglistiger Täuschung anfechten, aber nur dann, wenn es bei wahrheitsgemäßer Beantwortung nicht zum Abschluss des Arbeitsvertrages gekommen wäre.

Beispiel

Maria Peters, Personalsachbearbeiterin, hat einen unbefristeten Arbeitsvertrag abgeschlossen. In dem Personalfragebogen, der Bestandteil des Arbeitsvertrages ist, hat sie die Frage: „Sind Sie schwanger?" wahrheitswidrig mit „Nein" beantwortet, obwohl sie wusste, dass sie im vierten Monat schwanger war.
Als Sie dem Arbeitgeber innerhalb der 3-monatigen Probezeit mitteilt, dass sie schwanger sei, kündigt dieser das Arbeitsverhältnis fristlos wegen wahrheitswidriger Angaben im Personalfragebogen.

Ist die Kündigung wirksam? Die Frage nach der Schwangerschaft ist nach der Rechtsprechung des Bundesarbeitsgerichts nicht zulässig. Eine solche Frage sei eine unzulässige Benachteiligung der Frauen und verstoße gegen das Diskriminierungsverbot des § 611a BGB (Bürgerliches Gesetzbuch). Die Frage ist dann ausnahmsweise zulässig, wenn eine Beschäftigung unter dem Aspekt des Gesundheitsschutzes nicht in Frage kommt, z.B. Strahlenbelastung in der Röntgenabteilung eines Krankenhauses. Eine Offenbarungspflicht gibt es nicht. Bewerberinnen müssen von sich aus <u>nicht</u> darauf hinweisen, dass sie schwanger sind.

Der Arbeitgeber kann das Arbeitsverhältnis auch in der Probezeit nicht kündigen, weil für Schwangere ein absolutes Kündigungsverbot besteht. Hätte der Arbeitgeber mit Maria Peters für die 3-monatige Probezeit einen Vertrag über ein befristetes Arbeitsverhältnis abgeschlossen, könnte er das Arbeitsverhältnis mit Fristablauf trotz Schwangerschaft beenden.

Krankheiten

Die allgemeine Frage: „Waren Sie in den letzten drei Jahren ernsthaft krank?", ist nicht zulässig. Die Frage nach den Krankheiten muss in Zusammenhang mit der künftigen Tätigkeit stehen, wie z.B. bei einer Kinderkrankenschwester: Hatten Sie in den letzten beiden Jahren ansteckende Krankheiten?

Schwerbehinderung

Die Frage nach einer Behinderung (nicht nur Schwerbehinderung) ist nur dann zulässig, wenn sie die Eignung für die vorgesehene Tätigkeit betrifft. Die Frage nach der Schwerbehinderung ist immer dann zulässig, wenn der Arbeitgeber die Beschäftigungsquote nach dem Gesetz erhöhen will.

Wer ist schwer behindert? Schwer behindert im Sinne des Sozialgesetzbuches IX ist, wer mindestens 50% in seiner Funktion beeinträchtigt ist, und wer sich nicht nur vorübergehend, sondern länger als sechs Monate in einem „regelwidrigen geistigen oder seelischen Zustand" befindet. Die Behinderung wird durch die Behörden nach dem Bundesversorgungsgesetz festgestellt.

Alle privaten und öffentlichen Arbeitgeber mit mehr als 20 Arbeitsplätzen, haben mindestens 6% Schwerbehinderte zu beschäftigen. Kommt der Arbeitgeber dieser Pflicht nicht nach, so hat er eine Ausgleichsabgabe zwischen €,- 105 und € 260 pro Monat und Arbeitsplatz zu zahlen, je nach Beschäftigungsquote (§ 77 SGB IX).

Ein Arbeitgeber muss dies wissen, weil die Behinderung Auswirkungen hat: Gestaltung des Arbeitsplatzes, Zusatzurlaub, Kündigungsschutz.

Vorstrafen

Vorstrafen muss der Bewerber von sich aus nicht nennen, das widerspräche dem Resozialisierungsgedanken. Deshalb ist auch die allgemeine Frage: „Sind Sie vorbestraft?" nicht erlaubt. Die Frage nach Vorstrafen ist nur dann zulässig, wenn sie für die angestrebte Tätigkeit von Bedeutung ist, zum Beispiel bei einem Kraftfahrer: „Sind Sie wegen Verkehrsdelikten in den letzten beiden Jahren bestraft worden?"

Auskünfte über Bewerber einholen

Ein Arbeitgeber ist berechtigt, Auskünfte über Bewerber einzuholen. Der Bewerber kann jedoch darauf bestehen, dass sich die Firma beim Arbeitgeber, bei dem er noch beschäftigt ist, nicht erkundigt. Hält sich der künftige Arbeitgeber nicht daran, kann er schadensersatzpflichtig werden.

Interne Stellenausschreibung

Nach § 93 Betriebsverfassungsgesetz kann der Betriebsrat (Personalrat im öffentlichen Dienst) verlangen, „dass Arbeitsplätze, die besetzt werden sollen, allgemein oder für bestimmte Arten von Tätigkeiten, vor ihrer Besetzung, innerhalb des Betriebs ausgeschrieben werden." Arbeitgeber und Betriebsrat sollten darüber eine Vereinbarung treffen.

Vorstellungskosten

Wenn ein Unternehmen einen Bewerber zu einem Interview einlädt, hat es ihm die Kosten zu erstatten für Fahrt, Übernachtung und Verpflegung (§ 670 BGB). Ein Urlaubstag muss nicht vergütet werden.

Werden im Einladungsschreiben keine Einschränkungen gemacht (Wir erstatten nur Bundesbahn 2. Klasse), dann hat der Bewerber bei Benutzung des eigenen PKWs Anspruch auf Kilometergeld. In der Regel auf den steuerlich zulässigen Höchstsatz oder den Satz, den die Firma auch ihren Mitarbeitern zahlt. Ein Anspruch auf Kostenersatz besteht unabhängig davon, ob ein Arbeitsverhältnis zustande kommt. Nur wer sich unaufgefordert vorstellt, hat keinen Rechtsanspruch auf Auslagenersatz.
Die Frage, in welchen Fällen Flugkosten oder eine Fahrt 1. Klasse erstattet werden, hängt von den Umständen des Einzelfalls ab. Benutzt ein Bewerber wegen der großen Entfernung das Flugzeug und spart dabei eine Übernachtung, wird eine Firma das akzeptieren müssen. Ob ein Bewerber mit dem Zug in der ersten Klasse fährt, ist seine Entscheidung. Wenn das Unternehmen im Einladungsschreiben keine Einschränkung gemacht hat („Wir erstatten nur die Kosten der 2. Klasse"), muss der Arbeitgeber die Fahrtkosten erstatten. Eine andere Frage ist, ob der Bewerber gut beraten ist, die 1. Klasse bei Bahnreisen zu benutzen, wenn er sich um eine Stelle als Sachbearbeiter bewirbt. Dieser Schuss könnte auch nach hinten losgehen.

Tests

Tests, die die Eignung für die künftige Tätigkeit feststellen sollen, sind ebenso zulässig wie Arbeitsproben, Leistungstests und Assessment-Center-Verfahren.

Persönlichkeitstests sind umstritten, weil sie in den Intimbereich eindringen und Persönlichkeitsrechte verletzen. Urteile dazu und eine höchstrichterliche Entscheidung gibt es nicht.

Einstellungsuntersuchung

Die Einstellung kann von einer ärztlichen Untersuchung abhängig gemacht werden. Die Kosten trägt der Arbeitgeber. Meistens führt ein Betriebsarzt die Untersuchung durch. Der Arzt hat Schweigepflicht, d.h. er darf dem Arbeitgeber nur mitteilen, ob der künftige Mitarbeiter für die vorgesehene Tätigkeit körperlich geeignet ist. Bei Jugendlichen (bis 17) und bestimmten Tätigkeiten im Lebensmittelbereich und in Kantinen (Gesundheitsamt) ist eine Einstellungsuntersuchung Pflicht.

Im Übrigen gilt für die Einstellungsuntersuchung die Beschränkung wie beim Fragerecht des Arbeitgebers. Bei medizinischem Personal kann ein HIV-Test zulässig sein und bei einem Anstreicher ein Allergietest. Bei einer Bürotätigkeit gehen Leberwerte oder eine HIV-Infektion den Arbeitgeber nichts an. Gen-Tests sind generell nicht zulässig. Blut- und Urinproben sind nicht zulässig, um Alkohol- und Drogenkonsum festzustellen. Das entschied das Landesarbeitsgericht Baden Württemberg (Az 16 Ta BV 4/02).

Mitwirkung des Betriebsrats

Nach dem Betriebsverfassungsgesetz muss der Betriebsrat in Betrieben mit mehr als 20 Mitarbeitern einer geplanten Einstellung zustimmen (§ 99 BetrVG). Das gilt für befristete und unbefristete Arbeitsverträge.

Der Betriebsrat kann verlangen, dass ihm vor der Einstellung sämtliche Bewerbungsunterlagen gezeigt werden. Er kann aber nicht darauf bestehen, dass ein Betriebsratsmitglied bei Bewerberinterviews dabei ist. Wer eingestellt wird, ist eine unternehmerische Entscheidung. Dem Betriebsrat sind beim Zustimmungsverweigerungsrecht enge Grenzen gesetzt, deshalb kann auch bei der Einstellung nicht von „Mitbestimmung" die Rede sein. Der Betriebsrat kann nur seine Zustimmung mit den Gründen verweigern, die im Gesetz genannt sind:

a) Die Einstellung gegen ein Gesetz, einen Tarifvertrag oder eine Betriebsvereinbarung verstößt. So muss der Arbeitgeber zum Beispiel prüfen, ob die Stelle mit einem Schwerbehinderten besetzt werden kann. Eine „falsche Eingruppierung" bei der Bezahlung nach Tarifvertrag berechtigt den Betriebsrat nicht, die Zustimmung zu verweigern. Der Betriebsrat, aber auch der Arbeitnehmer selbst kann die Eingruppierung durch das Arbeitsgericht überprüfen lassen.

b) Die Einstellung gegen eine Auswahlrichtlinie nach § 95 BetrVG verstößt.
Wenn es solche „Auswahlrichtlinien" gibt (Betriebsvereinbarung zwischen Arbeitgeber und Betriebsrat), sind sie verbindlich, wie z.B. die Bestimmung, dass bei der Besetzung von freien Stellen Auszubildende mit bestandener Prüfung zuerst berücksichtigt werden.

c) Die Besorgnis besteht, dass durch die Einstellung andere Mitarbeiter gekündigt werden. Wie soll das gehen? Der Betriebsrat müsste das konkret belegen. Mir ist kein Fall aus der Praxis bekannt.

d) Die interne Stellenausschreibung unterblieben ist, die der Betriebsrat nach § 93 BetrVG verlangen kann. Der Arbeitgeber muss das Ergebnis der internen Stellenausschreibung nicht abwarten bevor er die externe Suche startet, sondern kann dies gleichzeitig tun. Hat der Arbeitgeber trotz Verlangen des Betriebsrats die Ausschreibung versäumt, so muss er dies nachholen. Dadurch kann sich die Einstellung verzögern, weil die Anhörungsfrist (7 Tage) von neuem beginnt.

e) Die Besorgnis besteht, dass der künftige Mitarbeiter den Betriebsfrieden stört.
Ein solcher Fall ist aus der Praxis und der Rechtsprechung nicht bekannt.

Der Gesetzgeber hat mit dem § 99 Betriebsverfassungsgesetz eine hohe formale Hürde aufgebaut. Ein Arbeitgeber kann es sich nicht aussuchen, ob er den Betriebsrat einschaltet oder nicht. Er muss ihn über die geplante Einstellung informieren und ihm die Bewerbungsunterlagen vorlegen. Der Betriebsrat hat sieben Tage Zeit, sich zu äußern.

Er hat drei Möglichkeiten, darauf zu reagieren:
- Er kann der Einstellung zustimmen (der häufigste Fall)
- Er kann die 7-Tage-Frist verstreichen lassen. Schweigen gilt als Zustimmung.
- Er kann die Zustimmung innerhalb der Wochenfrist verweigern und dem Arbeitgeber die Gründe mitteilen.

Der Arbeitgeber hat dann die Möglichkeit, die fehlende Zustimmung durch das Arbeitsgericht ersetzen zu lassen. Er kann in dringenden Fällen die Einstellung zunächst „vorläufig" vornehmen (§ 100 BetrVG).

Absage bei Bewerbungen

Die Entscheidung, wer eingestellt bzw. abgelehnt wird, sollten die Unternehmen dokumentieren, damit sie bei Streit vor dem Arbeitsgericht nachvollziehbar ist. Es ist daher zu empfehlen, die schriftlichen Eignungsbeurteilungen – wie in diesem Buch dargestellt - nicht zu vernichten. Die Gründe in Absagebriefen dürfen sich deshalb auch nur auf die Qualifikation beziehen. Verstöße führen nicht zu einem Anspruch auf Einstellung, aber sie können Schadenersatz- und Schmerzensgeldansprüche zur Folge haben.

8. Praxisbeispiel 1: Außendienstmitarbeiter m/w gesucht

Ein Versicherungsunternehmen sucht einen erfahrenen Außendienstmitarbeiter für den Großraum Hamburg.

Checkliste Personalsuche

Wer wird gesucht? Kundenberater(in)	**In Arbeit**	**Erledigt**
Anforderungen definieren		X
Aufgaben festlegen		X
Beschaffungswege		
Interne Ausschreibung		X
Internet-Stellenbörse (Stepstone)	X	
Stellengesuche Stellenbörsen	---	---
Angebot Firmen-Homepage		X
Zeitung: Hamburger Abendblatt	X	
Stellenanzeige texten		X
Schriftliche Bewerbungen sichten		
Einladen: (Termin abstimmen)	X	
Zwischenbescheid	X	
Absagen	X	

Anforderungen

- Erfahrung im Außendienst, möglichst Versicherungsbranche
- Verkaufstalent, Biss
- Verkaufserfolge
- Empathie
- Kontaktstärke
- Sicheres Auftreten
- Vertrauenswürdigkeit

Aufgaben

- Kundenberatung in der Lebens-, Kranken-, Kfz-Haftpflicht, Hausrat-, Privathaftpflicht-, Rechtschutz, Unfall- und Gebäudevesicherung

- Akquisition von Privatkunden

- Kundenstamm sichern und ausbauen

- Telefonberatung und –verkauf

- Schadensaufnahme beim Kunden

Stellenanzeige

Sie haben sich entschieden, das Stellenangebot auf Ihrer Firmenhomepage, beim Online-Anbieter Stepstone und in der Samstagausgabe Print des Hamburger Abendblatts zu veröffentlichen

TEXT

Wir verkaufen Sicherheit

Unser Name steht für Seriosität. Wir halten, was wir versprechen. Unsere Kunden vertrauen uns. Wir suchen für den Großraum Hamburg einen erfahrenen Mitarbeiter im Außendienst als

Kundenberater m/w

Ihr Profil

Sie haben Erfahrung im Außendienst

Sie können schnell Kontakt herstellen

Sie sind vertrauenswürdig

Sie besitzen Verkaufstalent und Biss

Sie haben ein sicheres Auftreten

Ihre Aufgaben

- Kundenberatung in der Lebens-, Kranken-, Kfz-Haftpflicht, Hausrat-, Privathaftpflicht-, Rechtschutz, Unfall- und Gebäudevesicherung
- Akquisition von Privatkunden

- Kundenstamm sichern und ausbauen
- Telefonberatung und –verkauf
- Schadensaufnahme beim Kunden

Überzeugen Sie uns im ersten Schritt mit Ihrer schriftlichen Bewerbung: Was sind Ihre Stärken? Wie konnten sie diese Stärken bisher zum Nutzen des Unternehmens einsetzen?

Schicken Sie uns Ihre Bewerbung mit Angabe Ihres Gehaltswunsches.
ABC-Versicherungen, am Strohhause 1. Online-Bewerbungen bitte an Frau Schuster: info@abc-Versicherungen.com

Interviewfragebogen

Anforderungen:	Fragen:
Einstieg	Beschreiben Sie uns einen typischen Arbeitstag.
	Können Sie uns in 30 Sekunden sagen, wofür Sie bezahlt werden?
Erfahrung /Erfolge	Welche Ihrer Stärken konnten Sie bei Ihrer Arbeit einsetzen
	Was war bisher Ihr größter Erfolg?
	Wie beurteilt Ihr Chef Ihre Leistung? Gibt es eine Rückmeldung?
	Immer mehr Leuten kündigen ihre Lebensversicherung. Was kann man dagegen tun?
Weiterbildung	Was haben Sie in den letzten zwei Jahren für Ihre berufliche Weiterbildung getan? Haben Sie Seminare besucht?
Vertrauen in die eigenen Fähigkeiten	Was macht einen guten Verkäufer aus?
Fähigkeit, mit Frust umzugehen	Es regnet. Sie haben einen schlechten Tag: Kein Abschluss, die Frau (der Mann) ist verreist, Sie müssen ihren Sohn oder ihre Tochter vom Kindergarten abholen und versorgen.

	Wie gehen Sie damit um?
Interessen, Hobbies	Was machen Sie in Ihrer Freizeit? Welche Interessen haben Sie?
Abschlussfragen	Warum wollen Sie die Stelle wechseln?
	Nennen Sie uns drei Gründe, warum wir Sie einstellen sollten?
	Ihre Gehaltsvorstellung?

Interviewverlauf (Übersicht)

Begrüßung / Small Talk
Vorstellung der Teilnehmer

Eröffnung / Einstieg:
Bewerber Ablauf beschreiben

Interviewfragen
(Interviewfragebogen)

Vorstellung des Unternehmens
(Produkte, Dienstleistung, Leitbild etc.)

Fachvorgesetzter erläutert Aufgabe

Bewerberfragen

Interviewauswertung
- Schriftliche Voten über die Eignung
- Evtl. 2. Gespräch

Entscheidung

Eignungsbeurteilung

Name: ....Michael Knabe.......... ...... Position: Außendienstmitarbeiter

Anforderungen (Soll) **Ausprägungsgrad (Ist)**

Schwach -------------------------------------stark

Anforderungen (Soll)	1	2	3	4	5
Erfahrung im Außendienst				X	
Arbeitsergebnisse / Erfolge				X	
Sicheres Auftreten					X
Kann mit Frust umgehen				X	
Kann schnell Kontakt hestellen					X
Sympathische Erscheinung					X
Fähigkeit, sich klar u. verständlich auszudrücken.				X	
Vertrauenswürdigkeit					X

Zusammenfassung

Herr Knabe hat eine Ausbildung als Versicherungskaufmann und ein paar Jahre im Innendienst gearbeitet. Er arbeitet seit drei Jahren im Außendienst und möchte aus privaten Gründen nach Hamburg umziehen.

Herr Knabe ist eine sympathische Erscheinung, er geht auf Menschen zu und kann sie für sich einnehmen. Seine Verkaufserfolge sind glaubwürdig.

Herr Knabe ist ein junger Mann mit Potenzial. Er ist für Position gut geeignet.

Einstellungsentscheidung

Sollen wir uns bei der Personalauswahl ganz von der Ratio verabschieden und der Logik ade sagen? Nein. Wir sollten das Auswahlverfahren optimieren, aber nicht die Entscheidung. Die letzte Instanz bei der Einstellungsentscheidung sollte allerdings der Bauch sein.

Gehen Sie vor wie bei der Partnerwahl: keine Kompromisse. Alle an der Auswahl Beteiligten müssen ohne Vorbehalt für die Einstellung votieren. Wenn es Bedenken gibt, die nicht ausgeräumt werden können (evtl. durch ein zweites Gespräch), wird der Bewerber nicht eingestellt. Selbst wenn alle Fakten und Argumente für den Bewerber sprechen und ihnen ihr Bauchgefühl sagt „Nein", sollten sie der Intuition folgen, auch wenn sie das Gefühl nicht begründen können.

Auf die innere Stimme hören

Was tun, wenn Sie sich zwischen zwei Bewerbern nicht entscheiden können? Hören Sie auf ihre innere Stimme. All denen, die ihre innere Stimme nicht hören, verrät der Psychologe und Intuitionsforscher Gerd Gigerenzer einen Trick:
Wenn Sie eine schwierige Entscheidung haben zwischen zwei Personen, sollten Sie eine Münze hochwerfen. Währen sich die Münze dreht spüren Sie, was nicht kommen soll und dann brauchen Sie nicht hinzuschauen, was das Ergebenis ist.
(Interview mit der Süddeutschen Zeitung am 13.7.2013)

9. Praxisbeispiel 2: Auszubildende Kauffrau im Groß- und Außenhandel

„Die Guten ins Töpfchen, die Schlechten ins Kröpfchen." (Aschenputtel)

Interesse, Neigung, Begeisterung

Die wichtigste Voraussetzung ist in jedem Falle die Neigung oder gar die Begeisterung für den künftigen Beruf. Eine positive Entscheidung über die Eignung eines Bewerbers bleibt trotz allem eine Prognose. Ob ein Bewerber die richtigen Fähigkeiten und Stärken besitzt, um seine Berufsausbildung erfolgreich zu beenden und den Erwartungen des Unternehmens entspricht, weiß man bei der Einstellung nicht so genau. Junge Menschen kennen sich selbst noch nicht genug, viele wissen noch nicht, wo ihre Begabung liegt, welchen Beruf sie ergreifen sollen. Aus der Sicht eines Bewerbers um einen Ausbildungsplatz ist es richtig, sich für den Traumberuf zu entscheiden. Für ein Unternehmen kommt es darauf an, junge Menschen zu finden, denen man die Leidenschaft, die Begeisterung oder zumindest ein starkes Interesse am ausgewählten Beruf anmerkt. Dann müssen Sie noch herausfinden, ob die Bewerber auch für diese Berufsausbildung geeignet sind. Bei manchen Firmen müssen sich die Bewerber Wissens- und Intelligenztests unterziehen. Wer bei den Tests schlecht abschneidet, wird schnell als Versager stigmatisiert. Mit der Eignung für einen bestimmten Beruf haben diese Tests nicht viel zu tun. Warum tun Firmen das? Sie glauben daran, dass ihnen die Wissenschaft die Entscheidung abnimmt, wer gut geeignet und deshalb eingestellt werden soll.

Anforderungen

* Mindestens mittlerer Bildungsabschluss
* Gutes sprachliches Ausdrucksvermögen in Wort und Schrift
* Gute englische Sprachkenntnisse
* Freude, Interesse am Beruf
* Neugierde
* Lern- und Veränderungsbereitschaft
* Soziale Fähigkeiten: Kontaktfähigkeit, Empathie, Verträglichkeit

Interviewfragebogen

Anforderungen:	Fragen:
Einstieg (Schule)	• Was macht die Schule? • Haben Sie Lieblingsfächer? • In welchen Fächern haben Sie gute Noten? • In welchen Fächern schlechte und warum?
Freude / Interesse am Beruf	• Warum wollen Sie unbedingt Groß- und Außenhandelskauffrau werden? • Ist das auch Ihr Traumberuf? • Haben Sie ein Schülerpraktikum gemacht? Erzählen Sie uns davon. • Machen Sie mit dem Bewerber nach dem Interview einen Gang durch den Betrieb und erläutern Sie die Arbeit in den größeren Abteilungen. Danach bitten Sie die Bewerberin, ihre Eindrücke schriftlich zu formulieren
Gutes Ausdrucksvermögen	• Aufzeichnungen über die Eindrücke.
Englische Sprachkenntnisse	• Wir sind ein internationales Unternehmen. Mit Kunden und den Kollegen in unseren ausländischen Filialen sprechen wir Englisch. • What about your English? • Tell us something about your family: Your father, your mother, sister or brother. • What do you do in your spare time?
Neugier/ Lernbereitschaft, offen für Neues	• Verreisen Sie gern? • Lernen Sie gerne neue Leute kennen? • Sind Sie ehrgeizig? • Was macht Ihnen neben der Schule am meisten Spaß?

	• Was wollen Sie unbedingt noch lernen?
Soziale Fähigkeiten: Kontaktfähigkeit, Empathie, Verträglichkeit	• Wie kommen Sie mit anderen Menschen klar? Mit Lehrern, Mitschülern, Eltern, Geschwistern? • Haben Sie einen besten Freund oder Freundin? Was mögen Sie an ihm oder ihr? • Sind Sie gerne unter Menschen oder lieber alleine?
Stärken	• Was können Sie am Besten? • Was halten Sie für Ihre größte Stärke, die Sie im Beruf einsetzen können?
Abschlussfragen	• Nennen Sie uns drei Gründe, warum wir Sie als Auszubildende nehmen sollten?

Eignungsbeurteilung

Name: ....Pia Lange..........   Position: Azubi Groß- + Außenhandelskauffrau

Anforderungen (Soll)	Ausprägungsgrad (Ist)				
	schwach ....stark				
	1	2	3	4	5
Interesse am Beruf					X
Gutes Ausdrucksvermögen				X	
Englische Sprachkenntnisse				X	
Lernbereitschaft, offen für Neues				X	
Kontaktfähigkeit					X
Verträglichkeit				X	
Empathie				X	

Zusammenfassung:

Offen, kommunikativ, neugierig, lebendig und aufgeschlossen für Neues. Kann sich schriftlich und mündlich gut ausdrücken, geht auf Menschen zu, kommt mit anderen gut zurecht.

Beendet die Schule mit der Mittleren Reife.

Zusammenfassende Beurteilung: <u>Gut geeignet</u> / geeignet / nicht geeignet

10. Probezeit: Einstellungsentscheidung überprüfen

Spätestens vor Ablauf der Probezeit muss der Vorgesetzte die Frage beantworten, ob der Mitarbeiter für die Aufgabe geeignet ist. Er stellt die eigene Beurteilung auf den Prüfstein: War die Entscheidung richtig? Selbst wenn die damalige Entscheidung richtig war, kann es Gründe geben, das Arbeitsverhältnis nicht fortzusetzen, zum Beispiel dann, wenn die Integration in die Arbeitsgruppe nicht gelungen oder die Akzeptanz bei Kunden, Kollegen und Vorgesetzten zu gering ist. Oder es stellt sich nach fünf Monaten heraus, dass die fachliche und soziale Kompetenz nicht ausreicht und der Mitarbeiter der Aufgabe nicht gewachsen ist.

Beim Beurteilungsgespräch vor Ablauf der Probezeit könnte der Vorgesetzte aber auch feststellen, dass die Einarbeitung unzulänglich war und nicht dem Mitarbeiter anzulasten ist. In einem solchen Fall sollte das Unternehmen sich nicht trennen, sondern versuchen, dem Mitarbeiter die Chance zu geben, die Defizite auszugleichen. Vertraglich könnte man das Problem so lösen dass man zunächst einen befristeten Arbeitsvertrag abschließt und vor Ablauf der Frist erneut ein Beurteilungsgespräch führt.

Beurteilungsgespräch

Beim Beurteilungsgespräch vor Ablauf der Probezeit könnte sich aber auch herausstellen, dass die Einarbeitung unzulänglich war und nicht der Mitarbeiterin zuzurechnen ist. In einem solchen Fall sollte das Unternehmen sich nicht trennen, sondern versuchen, der Mitarbeiterin die Chance zu geben, die Defizite auszugleichen und die Probezeit verlängern.

Gesprächseröffnung

Eine gute Voraussetzung für ein offenes Gespräch ist eine positive Eröffnung: Diese können Sie z.B. mit folgenden Sätzen einleiten.
Es geht um Ihre Beurteilung vor Ablauf der Probezeit. Ich als Ihre Vorgesetzte werde die Beurteilung schreiben. Darüber möchte ich gerne mit Ihnen sprechen.

Zunächst aber würde ich gerne von Ihnen wissen, wie Sie bisher die Probezeit erlebt haben. Wie ist die Einarbeitung verlaufen?

Die Vorgesetzte gibt eine Rückmeldung über die bisherige Leistung. Es geht um eine realistische und faire Einschätzung, trotz aller Subjektivität. Zur Fairness gehört, der Mitarbeiterin die Chance zu geben, Einwände gegen die Beurteilung vorzubringen und darüber zu diskutieren. Eine faire Chefin ist bemüht, Beurteilungsfehler zu vermeiden, Willkür auszuschalten und nicht dem Halo-Effekt zu erliegen, d.h. die Sympathie überstrahlt alle Fehler und Schwächen.

Beurteilung der Leistung

Wenn die Beurteilung negativ ausfällt, sollte die beurteilende Vorgesetzte damit rechnen, dass die Mitarbeiterin sich ungerecht behandelt fühlt. Es geht für die Bewerberin immerhin um ihren Arbeitsplatz. Eine negative Beurteilung ist immer auch ein Angriff auf das Selbstwertgefühl der Mitarbeiterin und damit auf ihre Identität.

Wenn die Vorgesetzte Bedenken hat, das Arbeitsverhältnis fortzusetzen, bedeutet dies die Kündigung. Nur in seltenen Fällen wird die Mitarbeiterin noch eine Chance bekommen, was eine Verlängerung der Probezeit bedeutet.

Gesprächsabschluss

Die Botschaft muss immer klar und eindeutig ausfallen. Folgende Formulierungen sind als Anregungen zu verstehen, die Sie gerne individuell an das Gespräch anpassen können. Vor Ablauf der Probezeit müssen Sie eine Entscheidung treffen.

Es gibt drei Varianten:

1) Entscheidung: Arbeitsverhältnis fortsetzen:

Wir sind mit Ihrer Arbeit sehr zufrieden möchten Sie gerne behalten. Ich werde deshalb vorschlagen, das Arbeitsverhältnis fortzusetzen.

2) Entscheidung, die Mitarbeiterin in der Probezeit zu entlassen:

Wir sind zu der Überzeugung gekommen, dass wir uns trennen sollten. Sie haben unsere Erwartungen leider nicht erfüllt, außerdem gibt es Schwierigkeit im Team. Wir haben in unserem letzten Gespräch schon ausführlich darüber gesprochen. Jetzt ist so weit.

3) Probezeit verlängern

Probezeitbeurteilung

Beurteilende Vorgesetzte: Beate Herbst, Abteilungsleiterin Einkauf

Beurteilung für Bärbel Groß, Sachbearbeiterin, Eintritt: 1.4. 2013

---

1. Ist die Einarbeitung nach Plan verlaufen?
Nicht ganz, weil die Stelleninhaberin, Frau Weiß, drei Wochen krank war und Frau Groß notgedrungen die Vertretung übernehmen musste.

2. Ist die Mitarbeiterin für die Aufgabe geeignet?
Ja, sie ist fachlich kompetent und besitzt Erfahrung. Es gibt allerdings Beschwerden, dass sie nicht sorgfältig genug arbeitet. Außerdem stellte sich heraus, dass ihre PC-Kenntnisse nicht ausreichend sind.

3. Bestehen Bedenken gegen eine Fortsetzung des Arbeitsverhältnisses?
Nein. Mein Vorschlag: Die Probezeit von Frau Groß wird um drei Monate verlängert. Ich werde mich in dieser Zeit intensiv um die Einarbeitung kümmern, ständig als Ansprechpartner zur Verfügung stehen und ein wöchentliches Gespräch über die Fortschritte der Einarbeitung mit ihr führen. Unter dem Vorbehalt der Zustimmung der Personalabteilung wird Frau Groß außerdem einen PC-Abendkurs auf Firmenkosten bis zum Ablauf der Probezeit besuchen. Frau Groß wäre mit mit der Verlängerung der Probezeit und dem geschilderten Verfahren einverstanden. In acht Wochen wäre dann ein neue Probezeitbeurteilung fällig.
Hamburg, den 5. Juni 2013

Beate Herbst

Kapitel III: Führungskonzepte

11. Was Führungskräfte wissen und können müssen

12. Kooperative Führungsmodelle

Harzburger Modell
Kooperation heute
Effizient führen – Peter Drucker
Der Chef gehört zum Team
Führen aus der Mitte heraus: Von Apha-Wölfen lernen
Der Chef als Vorbild?

13. Scheitern und der Umgang mit Fehlern

Angst vor Fehlern
Vertrauen schaffen, offen über Fehler reden
Scheitern als sinnvoll betrachten

14. Kommunikation

Emotionen
Authentisch kommunizieren
Vier-Seiten Modell (von Thun)
Empathie
Aktives Zuhören
<u>Sprache im Beruf:</u> Bullshit, Knappheit, Angst vor der einfachen Sprache, Sprachgefühl, Juristendeutsch, Euphemismen, die lapidare Sprache.

15. Gruppenarbeit

Wie führe ich ein Team, wie leite ich eine Projektgruppe?
Regeln für die Gruppenarbeit (TZI): Postulate, Hilfsregeln

Leiten einer Projektgruppe: Schritt-für Schritt-Anleitung

Der Glaube an die Weisheit der Gruppe (Wikipedia)

16. Wer wird Führungskraft? Befördere intern (Beispiel)

Kompetenz- und Leistungsprofil

Eignungsbeurteilung / Entscheidung

11. Was Führungskräfte wissen und können müssen

Führungskräfte müssen Impulse geben, Veränderungen einleiten, die Mitarbeiter bei ihrer Arbeit unterstützen und sie in ihrer Entwicklung fördern. Sie müssen Konflikte fair lösen und die Probleme in Teamarbeit bewältigen. Führungskräfte gehören selbst zum Team, sie sind ein Teil der Gruppe. Sie müssen deshalb fähig sein, zu koordinieren, ausgleichend zu wirken und menschliche Nähe und Vertrauen herzustellen. Dazu gehört Empathie, offen zu sein für Kritik und eigene Fehler einzugestehen.

Eine Führungskraft muss Einstellungsinterviews führen, um fähige Mitarbeiter zu finden, als Chef ein Jahresgespräch führen, bei dem es darum geht, die Mitarbeiter leistungsgerecht zu beurteilen und nach ihren Fähigkeiten zu fördern.
Ein Chef muss Leistungsstandards formulieren. Bei Leistungsschwäche oder Kritik am Verhalten muss der Chef über die Probleme offen reden und konstruktive Lösungen finden (Kritikgespräch). Wenn es aus betrieblichen Gründen zur Trennung kommt, muss er in der Lage sein, mit Einfühlungsvermögen das Kündigungsgespräch zu führen, dabei die Gefühle der Mitarbeiter zu respektieren und dafür zu sorgen, dass alles fair über die Bühne geht.

Chefs dürfen bei ihren Mitarbeitern nicht den Eindruck erwecken, dass sie alles besser wüssten oder perfekt wären. Aus Fehlern lernt man am meisten. Fehler eingestehen oder auch einmal eine Schwäche zeigen, macht Chefs menschlich. Mitarbeiter wollen Chefs zum Anfassen.

12. Kooperative Führungsmodelle

Der „kooperative Führungsstil" ist heute Bestandteil fast jeder Unternehmenskultur. Was heißt „kooperativ führen" konkret? Worin unterscheidet sich dieser Stil von autoritären oder patriarchalischen Führungskonzepten?

Harzburger Modell

In deutschen Unternehmen hat sich in den sechziger Jahren das sogenannte Harzburger Modell durchgesetzt: Führen im Mitarbeiterverhältnis und Delegation von Verantwortung waren die Schlüsselbegriffe. In dieser Konzeption, vom damaligen Leiter der Akademie für Führungskräfte in Bad Harzburg, Höhn, entwickelt, taucht der Begriff „kooperative Führung" auf. Man verstand darunter, dass der Mitarbeiter möglichst selbständig seine Aufgaben erledigen und dafür auch die Verantwortung tragen sollte. Der Vorgesetzte sollte allerdings diese Arbeit mit einem ausgeklügelten Kontrollsystem überwachen. Die Organisation ist beim Harzburger Modell stark hierarchisch geprägt, die Stab-Linienorganisation vom Militär abgeschaut. Die bis ins Detail gehenden Stellenbeschreibungen mit klar abgesteckten Kompetenzen, kamen offenbar vielen entgegen. Endlich war alles geregelt, wurden klare Verhältnisse geschaffen. Dies könnte auch die Erklärung sein für die Popularität dieses doch recht bürokratischen Führungsmodells.

Das Harzburger Modell folgt dem Prinzip „Zuckerbrot und Peitsche" und enthält eine Menge patriachalischen Gedankenguts. Ein Kerngedanke allerdings hat sich als richtig herausgestellt und ist aktueller denn je: Die Delegation der Entscheidungsbefugnis und der damit verbundenen Verantwortung. In Amerika nennt man das „Empowerment". Vorgesetzte müssen Macht nach unten abgeben, ihre Mitarbeiter selbständig und eigenverantwortlich arbeiten lassen und sie mit den notwendigen Vollmachten ausstatten.

Kooperation heute

Kooperativ führen heißt heute, die Mitarbeiter in den Entscheidungsprozess einbeziehen, ihnen Freiräume gewähren und Verantwortung übertragen. Dazu gehört auch, sie mit den notwendigen Vollmachten auszustatten, die sie für ihre Arbeit brauchen. Nicht nur deutsche Unternehmen haben erkannt, dass diese Art von Führung zu mehr Engagement und letztendlich zur Steigerung der Produktivität führt. Gelegentlich ist auch die Rede vom partizipativen, partnerschaftlichen oder demokratischen Führungsstil. Im Grunde ist damit das gleiche gemeint. Bei manchen Modellen werden die Mitarbeiter am Kapital oder Gewinn des Unternehmens beteiligt.

Effizient führen - Peter Drucker

Früher konzentrierte man sich auf den Führungsstil. Heute weiß man, dass der Führungsstil nicht wichtig ist. Wichtiger ist vielmehr, dass die Führungskraft soziale Fähigkeiten besitzt, zwischenmenschliche Beziehungen aufbauen kann, glaubwürdig ist und Vertrauen schaffen kann.

Der amerikanische Management-Berater Peter Drucker (Die ideale Führungskraft, 1995) unterscheidet zwischen Effizienz und Effektivität und ordnet den Begriffen unterschiedliche Bedeutungen zu. Die beiden Begriffe werden in der Alltagssprache synonym verwendet für „wirksam".

Eine „effektive Leistung" ist nach Drucker eine nutzbare Leistung. „Effizienz" (lat. efficio = hervorbringen, schaffen, zustandebringen, bewirken) ist die Fähigkeit, die Dinge richtig zu tun. Für Handarbeit brauchen wir Effizienz. Der Handwerker, so Drucker, kann nur nach seiner Leistung gemessen werden, nach Qualität und Quantität. „Effektivität" bezieht sich auf die geistige Arbeit. Sie kann nur dann einen Nutzeffekt haben, wenn sie sich mit den wichtigen Dingen befasst.

Die Aufgabe einer Führungskraft sei es, so Drucker, effektiv zu sein, also die wichtigen Dinge zu tun. Manager planen, organisieren, integrieren, geben Impulse. Wirksame Manager unterscheiden sich in Temperament und Fähigkeiten in dem Maße, wie andere Menschen sich auch unterscheiden. Aber gemeinsam sei ihnen die Fähigkeit, die richtigen Dinge zu tun. Hier eine Zusammenfassung der Sichtweise Druckers:

* Effektiv arbeitende Führungskräfte wissen, wo ihre Zeit bleibt. Sie arbeiten systematisch und setzen ihre Zeit so wirtschaftlich wie möglich ein.

* Sie konzentrieren sich auf einen Beitrag nach außen. Sie richten ihre Anstrengungen mehr auf die Ergebnisse als auf die Tätigkeit an sich. Sie stellen sich die Frage: Was für Resultate werden von mir erwartet?

* Sie stützen sich auf die positiven Kräfte, auf ihre eigenen, die ihrer Vorgesetzten und Mitarbeiter und auf die positiven Seiten der Situation, d.h. auf das, was man daraus machen kann.

* Sie konzentrieren sich auf die wenigen wichtigen Gebiete, auf denen Leistungen ungewöhnliche Ergebnisse bringen können. Sie setzen Prioritäten und halten sich daran. Sie wissen, dass ihnen nur die Wahl bleibt, erstrangige Dinge zu tun und zweitrangige überhaupt nicht.

* Effektive Führungskräfte treffen effektive Entscheidungen. Sie wissen, dass man das System braucht, um die richtigen Schritte in der richtigen Reihenfolge zu machen. Sie wissen, dass eine wirkungsvolle Entscheidung immer ein Urteil auf der Basis gegensätzlicher Meinungen ist und nicht auf einer Übereinstimmung der Tatsachen beruhen kann.

* Im Management kommt es auf die Resultate an, auf den Output und natürlich auch darauf, wie das Unternehmen die Stärken des Mitarbeiters genutzt hat. Es geht um die Frage: Was war sein Beitrag zum Ganzen?

Der Chef gehört zum Team

Die Bereitschaft, sich unterzuordnen hat seit dem Bau der Pyramiden stark nachgelassen. Wann sind Mitarbeiter bereit mitzumachen, sich zu engagieren und für die Ziele des Unternehmens einzusetzen? Leider lässt sich diese Frage nicht einfach beantworten, weil die Interessen und Bedürfnisse der Mitarbeiter unterschiedlich sind. Eine gute Voraussetzung bietet eine Aufgabe, bei der die Mitarbeiter ihre Stärken einsetzen, Verantwortung übernehmen und selbstständig arbeiten können. Natürlich spielen auch andere Dinge eine Rolle, wie etwa das Arbeitsklima oder die Beziehung zum Vorgesetzten.

Jede Arbeitsbeziehung ist ein Abhängigkeitsverhältnis. Nach dem Arbeitsvertrag ist der Mitarbeiter verpflichtet, eine Arbeitsleistung von durchschnittlicher Art und Güte zu erbringen. Doch damit können sich Führungskräfte nicht begnügen. Sie brauchen Mitarbeiter, die aus freien Stücken dazu bereit sind, mitzumachen. Wann tun sie das freiwillig? Wenn man sie machen lässt, ihnen Freiräume gibt, eigene Ideen einzubringen, Neues auszuprobieren, Risiken einzugehen und Fehler als Lernerfahrung betrachtet. Auf der anderen Seite erwarten die Führungskräfte von ihren Mitarbeitern, dass sie sich ins Team einfügen, mit den anderen zurecht kommen und gut zusammenarbeiten. Dazu ist ein gewisses Maß an Anpassung notwendig, was Individualisten nicht immer leicht fällt. Man muss nicht gleich die totale Anpassung fordern, wie sie der Filmemacher Woody Allen mit seiner Figur Zelig dargestellt hat. Zelig, der totale Opportunist, nimmt die Gestalt der Menschen an, mit denen er es gerade zu tun hat. Unter fetten Männern wird er dick, unter Franzosen spricht er französisch und unter Schwarzen nahm Zelig eine schwarze Hautfarbe an. Er wurde immer so wie die anderen. „Warum tun Sie das?", fragte ihn eine Psychiaterin. Zelig antwortete: „Da fühlt man sich sicher."

Was macht eine Führungskraft mit Mitarbeiterin, die sich nicht anpassen wollen, die eigene Wege gehen oder mit denjenigen, die nicht mitmachen können, weil sie nicht flexibel genug sind, sich schnell auf Veränderungen einzustellen und neue Aufgaben zu übernehmen? Was macht eine Führungskraft, wenn sich Mitarbeiter in die innere Emigration begeben haben und nur noch das Nötigste tun?

Führungskräfte werden nur dann Erfolg haben, wenn die Mitarbeiter mitziehen und dabei helfen, die Ziele zu erreichen. Das beruht auf Gegenseitigkeit. Für eine Führungskraft stellen sich zwei Fragen:

- Was kann ich tun, um meine Mitarbeiter zu unterstützen?
- Wie kann ich tun, damit sie mit ihrer Arbeit Erfolg haben?

Menschen für sich zu gewinnen, geschieht hauptsächlich durch Miteinander reden, also begeistern, beeindrucken, überreden, durch Worte eben, durch Kommunikation. Das Miteinander reden geschieht in organisierter Form (Mitarbeitergespräche) und eher beiläufig zwischen Tür und Angel oder informell in der Kantine oder bei Betriebsfeiern. Durch diese Kommunikation entsteht eine Arbeitsbeziehung auf der menschlichen Ebene, die für eine gute Zusammenarbeit notwendig ist. Befriedigende zwischenmenschliche Beziehungen führen auch zu einem entspannten Arbeitsklima und einem Grad der Offenheit, wie es für die Lösung von Konflikten sehr förderlich ist. Mindestens einmal am Tag mit seinen Mitarbeitern zu reden, sollte für einen Chef selbstverständlich sein. Der Chef könnte die ersten Minuten des Arbeitstages dazu nutzen, seine Mitarbeiter zu begrüßen und mit ihnen über den Tag reden: Was liegt heute an, gibt es etwas Wichtiges zu besprechen, was keinen Aufschub duldet? Man kann daraus ein Ritual machen.

Führen aus der Mitte heraus: Von Alpha-Wölfen lernen

Die Wolfsforscher Günther Bloch und Peter Dettling (Auge in Auge mit dem Wolf, Stuttgart 2009) waren in einem Zeitraum von zwanzig Jahren im Bauff - Nationalpark, in den kanadischen Rocky Mountains unterwegs und haben Timber-Wölfe bobachtet. Die Wölfe leben in Rudeln von sechs bis acht Tieren.

Eine klare Hierarchie (Alpha-Wölfe, Alpha-Weibchen, Beta-Wölfe) wie man früher annahm konnten die Forscher nicht feststellen: Dominante Wölfe fressen nicht immer als erste an der erlegten Beute. Sie überließen Jüngeren und untergeordneten Mitgliedern des Rudels den Vortritt.

Die Wölfe zeigen Gefühle wie Freude, Kummer, Leid, Trauer, aber auch uneigennütziges Verhalten. Verletzte Tiere wurden niemals im Stich gelassen, sondern von ihren Familienmitgliedern unterstützt, auch bei der Nahrungsbeschaffung.

Jungwölfe (1 Jahr alt) übernehmen verschiedene Arbeiten und Rollen im Rudel, wie zum Beispiel die des Aufpassers. Sie melden jede Störung der alltäglichen Routine, etwa wenn sie Kojoten oder Bären sichten. Die Welpen suchen dann sofort Schutz im Bau.

Alphatiere bestehen nicht zwangsläufig auf Distanz zu rangniederen Tieren. Diejenigen Wölfe, die viel miteinander spielen, haben mehr Körperkontakt, unabhängig von Rang und Geschlecht.

Es gibt kein genormtes Sozialverhalten bei Wölfen. Manche Forscher halten auch Bezeichnungen wie „Rudel" oder „Alphatier" für irreführend. Frei lebende Wölfe bilden individualistische Familienverbände. Das sind anpassungsfähige Zweckgemeinschaften und ökonomisch betrachtet für jedes Mitglied von Nutzen.
Bei Alpha-Tieren handelt es sich um erfahrene Eltern, um brillante Teamchefs. Sie geben sozialen Halt, sorgen für Sicherheit und erteilen ihren Jungen bis zur Selbständigkeit praktischen Lebensunterricht. Alt und jung verhalten sich kooperativ, zeigen Gemeinsinn und pflegen freundliche Rituale. Der Leitwolf zeigt ein „Führungsverhalten", das auf die Menschenführung in Unternehmen übertragbar ist.
Die Wolfsfamilie ist das Team. Wenn eine Wolfsfamilie ein Elternteil verliert, wandern die zurückgebliebenen Mitglieder ratlos umher, bis die vakante Alphaposition durch einen gestandenen Neuankömmling wieder besetzt werden kann.

Die Forscher haben herausgefunden, dass Fairness das Verhalten der Wölfe bestimmt. Die Welpen lernen Fairness beim Spielen, denn sie hilft den Tieren in ihrer sozialen Umgebung zu überleben. Spielende Welpen verhalten sich ungestüm und respektlos gegenüber den Alten und den Rudelführern. Man lässt sie gewähren, auch wenn sie sich auf Kosten der Alten vergnügen oder sie körperlich traktieren. Die Alten könnten sie zur Ordnung rufen, tun das aber nicht. Kinder beißt man nicht.

Die soziale Kompetenz von Wolfseltern beruht auf Wissen, Erfahrung und Verzicht auf die Rechte des Ranghöheren. Es geht letztlich nur um das Überleben und die Fortpflanzung der eigenen Gene. Um dies zu erreichen, muss sich der Wolf mit seinen Rudelsgenossen arrangieren. Wölfe verhalten sich kooperativ.

Kommunikative Verhaltensweisen äußern sich im Schnappen, Beißen, Gesicht lecken, Körper gegen den Partner drängen. Die häufigsten sozialen Verhaltensweisen sind Schnauzenkontakt und Fellkontakt. Es kommt zu einem Informationsaustausch über den Geruch, durch Schnuppern. Die meisten Kontakte hatten die

„ranghohen" Erwachsenen und die Welpen. Die gegenseitige Berührung dient dem Zusammenhalt des Rudels.

Ein Alpha-Wolf führt sein Rudel als anerkannte Autorität. Er besitzt eine hohe soziale Kompetenz und führt sein Rudel aus der Mitte heraus. Er ist souverän und verhält sich zu seinem Rudel tolerant, beschützt es und sorgt dafür, dass es allen gut geht.

Die Rudelführer sind Eltern und zeichnen sich durch große Toleranz, Freundlichkeit und Fürsorglichkeit gegenüber ihren Schützlingen aus. Ihr Hauptanliegen ist es, ihnen Schutz zu bieten und dafür zu sorgen, dass es ihnen gut geht. „Gehorsam" spielt dabei keine Rolle. Die Rudelmitglieder folgen ihm freiwillig.

Der Chef als Vorbild?

Man liest es in Fachzeitschriften, Büchern und in Führungsgrundsätzen: Die Führungskräfte müssen Vorbild sein. Im Führungsleitbild eines Autoherstellers heißt es: *Führungskräfte sind Vorbild und erarbeiten sich Anerkennung durch ihre Integrität und Glaubwürdigkeit. Sie setzen hohe Standards und lassen sich selbst daran messen.*

Man denkt dabei unwillkürlich an starke Persönlichkeiten, die moralisch über jeden Zweifel erhaben sind. Was ist mit den vielen anderen, den Verkäufern, Einkäufern, Mechanikern oder Krankenpflegern? Sie sie weniger integer oder gar moralisch gefährdet?

Brauchen erwachsene, selbstbewusste Menschen Vorbilder?

Nein, Kinder brauchen Vorbilder, Mitarbeiter nicht. Sie brauchen Chefs zum Anfassen, zu denen sie Vertrauen haben, die nicht alles, was man sagt, auf die Goldwaage legen, Fehler nicht dramatisieren und eine persönliche Schuldzuweisung daraus machen.

Wie steht es mit den Führungskräften selbst?

Woran orientieren Sie sich? Gewiss nicht an den Top-Managern, die ihr Unternehmen an die Wand gefahren haben. Es müssen schon Lichtgestalten sein, aber wo findet man die? Zum Bespiel in der griechischen Mythologie. Herkules ist ein solcher Stern. Seine Herausforderung: Zwölf schwierige Aufgaben

Herkules zögert, ob er die zwölf Aufträge des Königs Eurysthens überhaupt übernehmen sollte, schließlich war er ein Halbgott und Sohn des Zeuss. Er nahm trotzdem diese Herausforderung an. Er musste u.a. den nemeischen Löwen erwürgen, Antäus im Ringkampf besiegen, den Wachhund Zerberus fangen, die vielköpfige Hydra töten und den Stall des Augeias ausmisten.

Führungskräfte von heute sind besonders von seiner fünften Arbeit angetan. Herkules musste an einem einzigen Tag die Aufgabe bewältigen, den Stall des Ageias auszumisten. Es war immerhin der Mist von dreitausend Rindviechern. Als Lohn winkte ihm ein Zehntel des Viehbestandes. Herkules riss den Boden des Stalls auf einer Seite zu einem Kanal auf, leitete die beiden Ströme Alpheios und Peneios durch den Kanal, und der ganze Mist wurde mit großer Wucht weggeschwemmt.

13. Scheitern und der Umgang mit Fehlern

Die Angst vor dem Scheitern sitzt tief. Das Konkurrenzsystem Schule sorgt bei den meisten für den ersten großen Misserfolg. Schlechte Noten und Sitzen bleiben sind für viele der Schock ihres Lebens, von dem sie sich nicht mehr erholen. Das Scheitern lernten sie nicht, meint Martin Walser (SPIEGEL 22/02), obwohl sie im Verlieren wichtigere Erfahrungen machen könnten als beim Gewinnen. Der Erfolgsdruck wächst mit derselben Stärke wie die Angst vor dem Versagen. Flexibilität erzeuge Angst, schreibt Richard Sennet in seinem Buch „Der flexible Mensch". Er fordert dazu auf, das Tabu des Scheiterns zu brechen und plädiert für ein „Scheitern ohne Scham und Schuldgefühl."

Die meisten „erfolgreichen" Menschen haben wahrscheinlich mehr Fehlschläge hinter sich als andere, weil sie mehr ausprobiert haben. Scheitern lernen heißt, eine Formel zu finden, die zeigt, dass Scheitern eine Form ist, Idealisierungen, Selbstüberschätzungen und Illusionen zu überwinden. Jedes Scheitern stärkt den Sinn für die Wirklichkeit.

Angst vor Fehlern

Risikoscheu ist eng mit der Angst vor Fehlern verknüpft: Keine Risiken, keine Fehler, keine Innovation.

Manche Mitarbeiter haben Angst vor dem Beurteilungsgespräch. Eine schlechte Beurteilung wäre ein Angriff auf ihr Selbstwertgefühl. Manche haben Angst vor der Wahrheit. Der beurteilende Vorgesetzte könnte ihnen vorhalten, dass sie Neuem gegenüber nicht aufgeschlossen genug sind und unflexibel auf Veränderungen reagieren.

Vorgesetzte sollten wissen, dass die Bereitschaft zum Wandel auch bedeutet, Vertrautes aufzugeben, Traditionen und Gewohnheiten hinter sich zu lassen. Mit der Forderung, uns weiter zu entwickeln, uns Neuem zu öffnen und das Unbekannte zu wagen, ist immer Angst verbunden.

Was tun viele ein Leben lang gegen diese Angst? Sie versuchen, fehlerlos, korrekt und perfekt zu sein, alle Fehlerquellen zu eliminieren und die Arbeit so zu organisieren und Kontrollen einzubauen, um Fehler zu vermeiden. Doch Fehler ist nicht gleich Fehler. Bei einem Kassierer oder Buchhalter muss die Abrechnung auf den Cent genau stimmen. Einem Arzt darf kein Kunstfehler unterlaufen, ein Pilot muss exakt und fehlerfrei arbeiten und bei einem Bergsteiger kann ein Fehler tödlich sein.

Bei anderen Berufen, bei Wissenschaftern, Produktentwicklern, Marketingstrategen oder Werbetextern sind Fehler notwendig, um ein Problem zu lösen, zu neuen Erkenntnissen durch Versuch und Irrtum zu kommen oder um Neues auszuprobieren.

Es gibt kein Leben ohne Angst. Wir haben Angst vor einer Trennung, wir haben Angst, wenn wir einer Situation nicht gewachsen sind, wenn wir uns ohnmächtig fühlen und hilflos vorkommen. Angst ist bei Gefahr eine Warnung und bedeutet gleichzeitig, dass wir etwas tun müssen, um unsere Angst zu überwinden. Angst ist Bedrohung und Chance zugleich.

Manche versuchen, der Angst aus dem Wege zu gehen, sie zu vermeiden, wenn es irgendwie geht. Ist das eine Lösung? Nein, das würde die Angst nur verstärken. Wir müssen die Angst annehmen („umarmen", sagen manche). Nur so können wir die Kraft entwickeln, sie zu überwinden. Wer schüchtern ist, muss aus der Kälte der Kontaktlosigkeit, der Kontaktscheu heraus die Wärme zwischenmenschlicher Kontakte spüren. Er muss sich trauen, sein Misstrauen aufzugeben und seine Angst überwinden.

Angst hat nicht nur etwas Bedrohliches und Quälendes. Angst fordert uns heraus, macht uns mutig, lässt uns die Erfahrung machen, Hindernisse zu überwinden und unsere Ziele zu erreichen.

Albert Ellis, der Begründer der rational-emotiven Verhaltenstherapie, meint, dass Menschen mit drei Forderungen im Kopf durchs Leben gehen:

1. Ich muss meine Sache unbedingt gut machen! Menschen setzen sich oft unter zu starken Erwartungsdruck: Um den eigenen Idealen gerecht zu werden, muss ich Erfolg haben, tüchtig sein und alles erreichen, wozu ich fähig bin. Wenn nicht, bin ich ein elender Versager.

2. Meine Mitmenschen müssen mich gut behandeln, respektvoll, gerecht, anständig. Wenn das nicht eintritt, geraten sie in große Wut. Aus einer solchen Haltung entsteht Feindseligkeit und Hass.

3. Mühsal und Schwierigkeiten müssen mir erspart bleiben. Die anderen, die Umstände oder das Leben dürften sie weder enttäuschen noch ihnen Unannehmlichkeiten bereiten. Ihre Fähigkeit, Versagungen zu verschmerzen, ist gering. Rückschläge betrachten sie als Katastrophe.

Es komme darauf an, so Ellis, diese Haltung aufzugeben und sich eine andere Sicht der Dinge anzueignen.

Vertrauen schaffen, offen über Fehler reden

Wir brauchen eine Fehlerkultur! Das liest man immer öfter. Wir müssen mit Fehlern anders umgehen, das stimmt. Aber eine „Kultur" brauchen wir deshalb nicht. Wir wollen Fehler weder pflegen noch kultivieren. Führungskräfte müssen vielmehr dafür sorgen, dass eine Arbeitsatmosphäre herrscht, bei dem die Mitarbeiter Lust haben zum Mitdenken und Mitmachen, wo neue Ideen willkommen sind und nicht jedes Wort auf die Goldwaage gelegt wird und bei Fehlern nicht gleich ein Donnerwetter losbricht.

Wenn man sich gegenseitig vertraut, lassen sich auch ein paar Spielregeln aufstellen für den Umgang mit Fehlern:

- Fehler gelten als Lernerfahrung und sind Anhaltspunkte für unsere Weiterentwicklung.

- Es wird offen über Fehler geredet. Auch Chefs gestehen ihre Fehler ein.

- Wer Fehler macht, hat auch die Verantwortung.

- Aus Fehlern lernen und Konsequenzen ziehen, um Wiederholungen zu vermeiden.

Wenn Führungskräfte von ihren Mitarbeitern erwarten, dass sie selbständig und eigenverantwortlich ihre Aufgaben erledigen, müssen sie ihnen auch Fehler zugestehen. Nach außen hin müssen die Mitarbeiter auf die Loyalität und Unterstützung des Chefs vertrauen können.

Scheitern als sinnvoll betrachten

Schon die Stoiker im alten Griechenland haben das Scheitern als sinnvoll akzeptiert. In den Unternehmen vollzieht sich langsam ein Wandel im Umgang mit Fehlern.

Für die Filmproduzentin Katharina Trebitsch ist das Wichtigste im Leben, den Umgang mit Misserfolgen zu lernen, denn glücklich und erfolgreich zu sein erlerne sich leicht, Enttäuschungen auszuhalten dagegen nicht. Sie hält „Frustrationstoleranz" für ihre größte Stärke. Chapeau!
Der ehemalige Auto-Manager Daniel Goeudevert hat in einem Interview mit der ZEIT (12.5.1999) die Frage, ob man im Scheitern glücklich sein könne, mit „Ja" beantwortet. Auf die Frage, was am Misserfolg erstrebenswert sei, hat er geantwortet:

Heute erzählen wir den Studenten nur vom Erfolg. Doch dass die Niederlagen ebenso zu jeder Karriere gehören, lernt er nirgendwo. Gerade heute führt eine Karriere nicht mehr wie ein Fahrstuhl nur nach oben. Die Berufslaufbahnen der Zukunft gleichen einer Achterbahn. Drei- bis viermal werden wir womöglich unseren Beruf wechseln müssen. Wer das früh begreift, wird es später einfacher haben.

Perfektion bedeutet Stillstand und vollkommene Sicherheit das Aus für jedes Unternehmen. Die Angst, ein Risiko einzugehen, etwas Neues vorzuschlagen, Fehler zu machen und zu scheitern, sitzt tief. Führungskräfte müssen Impulse geben für Veränderungen und dabei die Ängste der Mitarbeiter abbauen, Vertrauen aufbauen, Fehler eingestehen und offen darüber sprechen.

14. Kommunikation

Das Führen von Mitarbeitern hat viel mit Kommunikation zu tun. Wer kommuniziert, macht das bekanntlich auf zwei Ebenen: Der Sach- und Beziehungsebene.

Emotionen

Der amerikanische Psychologe Paul Ekman (Gefühle lesen, 2007) unterscheidet Basis-Emotionen (Mimik), die bei allen Menschen auf der Welt gleichermaßen vorkommen: Glück, Ärger, Verachtung, Zufriedenheit, Ekel, Verlegenheit, Aufgeregtheit, Furcht, Schuldgefühl, Stolz auf Erreichtes, Erleichterung
Trauer / Kummer, Sinneslust, Scham, Trauer, Eifersucht, Liebe.

Authentisch kommunizieren

Bei Carl Rogers, dem Begründer der Gesprächspsychotherapie, gehört "Echtsein" neben dem "einfühlenden Verstehen" und der „Wertschätzung" zur Grundhaltung, die jeder Kommunikation förderlich sei und zwischenmenschliche Beziehungen positiv beeinflusse. Carl Rogers spricht von "Kongruenz" und meint damit die Übereinstimmung zwischen drei Bereichen der Persönlichkeit: Was ich fühle (Erleben), was ich davon bewusst mitbekomme (Bewusstheit), und was ich davon mitteile (Kommunikation).

Die Offenheit, wie sie auch Rogers propagierte, ist ganz tief in der puritanischen Tradition verwurzelt. Kongruenz steht ihm Widerspruch zur Realität: Die Menschen müssen mit ihren Spannungen und Widersprüchen leben, auch wenn sie sich manchmal nach mehr Kongruenz sehnen. Das erst macht ein Leben farbig und spannend.

Ruth Cohn, die Begründerin der „Themenzentrierten Interaktion", ist etwas vorsichtiger als Rogers. Sie spricht von „selektiver Authentizität". „Nicht alles, was echt ist, will ich sagen, doch was ich sage, soll echt sein."

Der Kommunikationswissenschaftler Schulz von Thun rückt ab von Carl Rogers, der die totale Offenheit vertrat und übernimmt die Haltung von Ruth Cohn.

Der Amerikanische Schriftsteller und Nobelpreisträger Saul Bellow schreibt in seinem Roman „Humboldts Vermächtnis":

Als ich mein Geld damit verdiente, die persönlichen Erinnerungen von fremden Leuten zu schreiben, habe ich entdeckt, dass kein Amerikaner je einen richtigen Fehler begangen, niemand gesündigt oder nur eine einzige Sache zu verbergen hatte; Lügner gab es nicht. Die angewandte Methode ist Vertuschung durch Offenheit, um Doppelzüngigkeit in Ehren zu garantieren.

Die Sehnsucht bleibt. Die Sehnsucht nach dem Echten, dem Unverfälschten. In den Führungsrichtlinien von Unternehmen finden sich auch heute noch Sätze wie: „Wir gehen offen und ehrlich miteinander um". Es ist der Glaube an das Gute im Menschen.

Vier-Seiten-Modell (Schulz von Thun)

Der Kommunikationswissenschaftler Schulz von Thun spricht von den vier Seiten einer Nachricht:

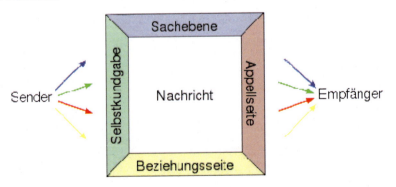

Graphische Darstellung des Vier-Seiten-Modells
(Quelle: Wikipedia)

Schulz von Thun vertritt die Auffassung, dass die Psychologie zur Verbesserung der zwischenmenschlichen Kommunikation beitragen könne, und zwar dann, wenn es um Haltungen gehe. Er ist fest davon überzeugt, dass er die Welt ein wenig besser machen wird mit dem, was er als Psychologe macht. Ein Idealist.

Kommunikation hat nicht nur den Zweck auszudrücken, was ist, sondern auch, was sein soll. Mit dem, was ich sage, möchte ich etwas erreichen, bewirken, zum Beispiel den anderen trösten, aufmuntern, begeistern, ihn dazu bewegen, bestimmte Dinge zu tun oder zu unterlassen. Wir wollen mit dem Appell Einfluss nehmen, überzeugen, beruhigen oder als Führungskraft Ängste gegenüber Veränderungen abbauen. Ob ein schriftlicher Appell das richtige Mittel zur Lösung von Problemen ist, darf man bezweifeln. Wer Begeisterung bei Mitarbeitern auslösen oder eine Verhaltensänderung erreichen will, wird die Grenzen der schriftlichen Kommunikation schnell erreichen. Wie bei der mündlichen Rede muss der Sender auch bei der schriftlichen Kommunikation die Gefühle ansprechen:

Das Kommunikationsmodell Schulz von Thuns fußt auf den Glaubenssätzen der Humanistischen Psychologie, die in den 60er und 70-Jahren auch hierzulande im Bildungsbürgertum, bei Lehrern und auch bei Führungskräften der Wirtschaft eine gewisse Popularität erreichte: Entwicklung der Persönlichkeit bis hin zur Selbstverwirklichung, authentische Kommunikation und der Glaube an das Gute im Menschen. Carl Rogers, der Begründer der Gesprächstherapie, hat Werte der Calvinisten säkularisiert, in seine Therapie übernommen und auf den zwischenmenschlichen Umgang übertragen. Er postuliert eine Grundhaltung, die jeder Kommunikation förderlich sei und die zwischenmenschlichen Beziehungen positiv beeinflusse: Wertschätzung, einfühlendes Verstehen und Echtsein.

Die „Humanistische Psychologie" ist aus seiner Zeit heraus entstanden und inzwischen aus der Zeit gefallen, wie auch der Marxismus und der Existenzialismus. Bleibt die Frage: Ist der Idealist Schulz von Thun und sein Kommunikationsmodell weltfremd? Mitnichten. Das Modell ist praxiserprobt und nützlich. Heute kennen es Schüler, Lehrer und Führungskräfte. Schulz von Thun ist kein Dogmatiker. Er verliert die Bodenhaftung nicht, weil er die „Stimmigkeit" zum Lackmustest aller Kommunikation macht. Stimmigkeit ist für Schulz vonThun das „Meta-Ideal". Er schreibt in seinem Buch „Klarkommen mit sich selbst" (2009):

Was ich sage, soll wesensgemäß uns situationsgerecht sein. Das ist in der Tat ein doppelter Anspruch, die Suche nach einer doppelten Passung, die das Authentizitäts-Ideal nicht aufgibt, aber das Ringen um den authentischen Selbstausdruck doch im Kontext der Gesamtsituation und der Rollenerfordernisse betrachtet wissen will.

Empathie als Grundhaltung (Carl Rogers)

Für Carl Rogers gehört Empathie zur Grundhaltung des Therapeuten. Er versteht darunter die Fähigkeit, sich in andere hineinzuversetzen, sich emotional auf andere einzustellen. Grundlage ist die Selbstwahrnehmung. Je offener wir für unsere eigenen Gefühle sind, desto besser können wir die Gefühle der anderen wahrnehmen und deuten.

Er muss seinem Klienten gegenüber echt und ohne Fassade sein, ihn achten und wertschätzen und ihm mit Empathie begegnen, ihm einfühlend zuhören, um seine innere Welt zu verstehen.

Carl Rogers ist im Laufe seiner Arbeit als Therapeut darauf gekommen, dass diese Grundhaltung nicht nur für die therapeutische Arbeit von großem Nutzen ist, sondern jeder menschlichen Kommunikation förderlich ist und die zwischenmenschlichen Beziehungen positiv beeinflusst. Was bedeutet bei Carl Rogers Empathie oder "einfühlendes Verstehen" wie er es nennt? Man könnte es so beschreiben:

Ich bemühe mich, die innere Welt des anderen zu verstehen. Ich bin ihm nahe bei dem, was er denkt, ohne seine Sichtweise zu meiner eigenen zu machen, ohne mich mit ihm zu identifizieren. Ich teile meinem Gesprächspartner mit, was ich von seiner inneren Welt verstanden habe (Verbalisierung von Gefühlen). Dabei kommt es nicht nur darauf an, was gesagt wird, sondern auch auf die Signale des Körpers, auf Mimik und Gestik. Ich leihe dem anderen mein Ohr und höre ihm aufmerksam zu.

Dieses Konzept haben Schulz von Thun und Ruth Cohn für die Arbeit in Gruppen (TZI = Themenzentrierte Interaktion) übernommen.

Aktives Zuhören

Sie wollen beim Interview herausfinden, wie jemand tickt. Das heißt: Sie müssen dem Bewerber aufmerksam zuhören. Nach dem Interview müssen Sie die Entscheidung treffen, ob der Bewerber für die Aufgabe geeignet ist und die notwendige Fach- und Sozialkompetenz besitzt. Ein Interviewer will beim Interview etwas erfahren, was ihm nützt, um eine Entscheidung zu treffen.

Führungskräfte sollten darüber nachdenken, ob sie ihre Fähigkeit zum Zuhören nicht doch verbessern können, um wirksamere Mitarbeitergespräche zu führen. Was bedeutet „aktives Zuhören" konkret?

Eigentlich weiß jeder, was „zuhören" heißt: Dem anderen nicht ins Wort fallen, ihn ausreden lassen. Aber was soll „aktiv" dabei sein? Der Kommunikationswissenschaftler Christoph Thomann definiert aktives Zuhören – in Anlehnung an Carl Rogers – als eine Methode zur Bestandsaufnahme und Erforschung von Gedanken und Gefühlen. Den Anderen verstehen, bedeutet noch nicht, mit ihm einverstanden zu sein. Aktiv heißt, den inneren Zustand, die Befindlichkeit des Gesprächspartners wahrnehmen, aufnehmen was der andere denkt und fühlt und dann – verbal oder nonverbal – äußert.

Der Gesprächspartner wiederholt mit eigenen Worten, was er verstanden hat, gibt eine inhaltliche Zusammenfassung und verbalisiert die Gefühle seines Gesprächspartners: „Sie fühlen sich ungerecht behandelt. Das wurmt Sie!"
Die Wirkung liegt auf der Hand. Stimmt das Gefühl, das angesprochen worden ist, fühlt sich der andere, in diesem Fall der Mitarbeiter, verstanden, die Situation wird geklärt, der Chef rationalisiert nicht, sondern trifft den Punkt.

Auch beim Einstellungsinterview gilt: Durch aktives Zuhören stellt sich eine Temporegulierung ein. Wer übersprudelt und sich öfter wiederholt, wird durch aktives Zuhören gebremst. Wer zäh und stockend spricht, wird allmählich fließender.

Sprache im Beruf: Verständlich und präzise formulieren

Führen heißt, Menschen beeinflussen und bestimmte Gefühle auslösen, wie Sicherheit, Vertrauen, Begeisterung. Dazu gehören auch Entscheidungen. Um diese überzeugend zu vermitteln, brauchen Führungskräfte die Fähigkeit, sich mündlich und schriftlich klar, genau und verständlich auszudrücken. Man kann lernen, wie man das richtige Wort findet, kurze Sätze anschaulich und präzise formuliert und Überflüssiges weglässt. Wer verständliche Sätze formulieren kann, spart Zeit und Geld. Das gilt nicht nur für das Schriftliche. Führungskräfte müssen ihre Gedanken auch in Kurzvorträgen, Präsentationen und Mitarbeitergesprächen klar und überzeugend formulieren können. Angenehm soll die Sprache sein, nicht geschwätzig, aufgeblasen, abstrakt und floskelhaft.

Wer etwas thematisiert, macht es zum Thema, greift es auf, wer ein „Problem realisiert", hat sich die Schwierigkeit klar gemacht, wer Gefühle verbalisiert, drückt sie aus, mit Worten, und wenn wir jemand für eine Sache sensibilisieren, dann machen wir ihn dafür empfindsamer.

Sie traben, fliegen und stolpern durch die Texte, die weißen Schimmel, schwarzen Raben, kleinen Zwerge, großen Riesen und die alten Greise. Die Wohnung wird „neu renoviert und nach der „heißen Thermalquelle" wollen wir eine „Zukunftsprognose" abgeben. Wir planen im voraus, sprechen von anderen Alternativen, eigenhändiger Unterschrift und Rückantwort.
Unternehmen veröffentlichen neuerdings ihre Zahlen nicht mehr, sondern sie *kommunizieren* sie.

Bullshit

Hochtrabend und aufgeblasen kommt vieles daher, was man als Bullshit bezeichnet. Gemeint ist Gewäsch, Schönreden, Gefasel, Humbug, Bockmist, Quatsch mit Soße. Bullshitten, so der amerikanische Soziologe Harry Frankfurter, komme dem Bluff näher als der Lüge. Er hat zur „vollen Zufriedenheit gearbeitet", steht im Arbeitszeugnis. Das klingt doch viel besser als „Seine Leistungen waren durchschnittlich", oder? Den Rausschmiss, die Entlassung wird umschrieben: umstrukturieren, freisetzen, rationalisieren, Personalabbau, Sanierung, Freisetzung, sozialverträgliche Maßnahme oder Personalanpassung.

In einem Nachruf einer großen Versicherungsgesellschaft für einen leitenden Angestellten heißt es:

„Sein hohes persönliches Engagement und sein leidenschaftlicher Einsatz für die Entwicklung der Lebensversicherung hat ihm große Anerkennung bei den Kunden gebracht. Er hat entscheidend zum wirtschaftlichen Erfolg des Unternehmens in seinem Verantwortungsgebiet beigetragen und war gleichzeitig ein Vorbild für eine Generation von Mitarbeitern, die er mit seiner engagierten Kundenorientierung und produktiven Unruhe mit geprägt hat.

Das klingt doch alles sehr gut. Wer weiß schon, dass dieser Text aus dem Arbeitszeugnis stammt, das der Mitarbeiter bei seiner Pensionierung bekommen hat. Der Mensch steht im Fokus. Es ist nicht der Profit, das Wachstum, die Größe, die tollen Produkte, die Aktionäre, denen die Firma gehört, oder? Doch im Internet lesen wir etwas von der Philosophie und diesen Satz:

Knappheit

Leser lieben die knappe und präzise Darstellung, weil sich ein solcher Text angenehm liest. Es werden Irrtümer und lästige Nachfragen vermieden. Der Schreiber nimmt Rücksicht auf die kostbare Zeit seiner Leser, seiner Kunden, der Vorgesetzten, Kollegen und Mitarbeiter.

Eine knappe Ausdrucksweise steht im Gegensatz zur Weitschweifigkeit. Wir unterscheiden die sprachliche und sachliche Knappheit. Die sprachliche verkürzt den Ausdruck, die sachliche das, was ausgedrückt wird. Kurze Wörter und kurze Sätze erhöhen den Lesefluss. Bandwurmsätze machen einen Text holprig und schwer lesbar. Sätze mit vielen Verben dagegen machen den Ausdruck lebendiger und anschaulicher. Das gilt jedenfalls für Texte in Beruf und Alltag. In der Literatur (Thomas Mann, Thomas Bernhard) ist das etwas anderes.

Wir sind alle nicht perfekt

Wer ist schon perfekt im Umgang mit der Sprache? Wir sprechen und schreiben von Zielsetzungen, Wertschöpfungsketten, Innovationspotenzialen, Produktportfolio, Fokussierungen, Kommunikationsproblematik, vom Zeitkorridor und von Personalanpassungsmaßnahmen, obwohl Kündigungen gemeint sind. „Das ist ein weites Feld, Luise", lesen wir in Fontanes Roman „Effi Briest" und reden auch im Beruf von Geschäftsfeldern, Themenfeldern und Aufgabenfeldern. Auch im Wetterbericht begnügt man sich nicht mit „Nebel"; es müssen schon Nebelfelder sein.
In vielen Arbeitsverträgen steht dieser Satz:

Im Falle der Erkrankung muss vor Ablauf des dritten Tages eine Bescheinigung über die Dauer der Erkrankung vorgelegt werden.

Ich glaube schon, dass man dies kürzer sagen kann ohne den Sinn zu verändern:

Wenn jemand länger als drei Tage krank ist, muss er spätestens am dritten Tag eine Arbeitsunfähigkeitsbescheinigung vorlegen.

Wenn Juristen Mustertexte verfassen, dann klingt das im Kündigungsschreiben so:

Wir kündigen den mit Ihnen abgeschlossenen Arbeitsvertrag fristgerecht zum xxx.

Den meisten wäre es schon lieber, wenn die Firma einen Arbeitsvertrag gekündigt hätte, der mit jemand anderem abgeschlossen worden ist. Manchmal muss man es überhaupt nicht kürzer sagen, weil man es einfach weglassen kann. Wie diese zwei Sätze aus einem Absagebrief:

Wir bitten um Verständnis für unsere Entscheidung, die aus rein sachlichen Erwägungen erfolgt ist und in keinem Zusammenhang mit Ihrer persönlichen Qualifikation steht. Die uns überlassenen Unterlagen erhalten Sie zu unserer Entlastung zurück.

Beides stimmt ganz einfach nicht. Wenn eine Absage nichts mit der Qualifikation zu tun hat, womit sonst? Und wovon soll ein Unternehmen *entlastet* sein, wenn es Bewerbungsunterlagen zurückschickt?

Auf der Internetseite eines Zeitarbeitsunternehmens habe ich diesen Satz gefunden:

Nach Abschluss dieses Bewerbungsprozesses teilen wir Ihnen zeitnah das Ergebnis mit.

Das klingt nach Einmaligkeit, nach Exklusivität. Dem hat sich auch die Sprache angepasst. Wie gewöhnlich hätte es sich wohl angehört, wenn man formuliert hätte:

Wenn die Bewerberauswahl beendet ist, werden wir Ihnen unsere Entscheidung mitteilen.

Moden

Auch bei der Sprache gibt es Moden. Heute ist in der Politik, aber auch in Unternehmen häufig die Rede davon, dass dies oder jenes im Vorfeld (und eben nicht im Hauptfeld) geklärt worden sei, jedenfalls ein Stück weit. Unternehmen eröffnen Bewerber Karriere-Optionen, weil glückliche und kompetente Mitarbeiter der Eckpfeiler sei, auf dem der Erfolg beruhe. Außerdem bauen sie ihr Portfolio zu Gunsten ihrer Kunden aus. Klar ist am Ende des Tages: Alle Geschäfte müssen dem Unternehmen eine vernünftige Kapitalverzinsung bringen. Geplant ist eine zeitnahe Expansion. Ich hoffe, die Leser werden nachhaltig von diesen Einsichten profitieren, spätestens „am Ende des Tages".

Die Sprache der Macher

Die Sprache der Macher besteht aus Versatzstücken, die sich bei Reden, Geschäftsberichten und Internetauftritten verwenden lassen. Sie weisen darauf hin, dass sie ihre *Hausaufgaben* gemacht und *zukunftsfähige Strukturen* geschaffen hätten und ihr *Focus auf Performance- und Talentmanagement* gerichtet sei, um *Potentialträger frühzeitig zu identifizieren*. Sie betonen bei jeder Gelegenheit, dass sie *gut aufgestellt* seien, bei den *Human Resources,* ihrem *Humankapital, Teamkultur* pflegten und als Global Player mit ihrer *Doppelstrategie* und ihrem *Geschäftsportfolio* (= Gesamtheit der Geschäftsfelder) und *Relaunch* (= Umgestaltung) und *Downsizing* (= Stellenabbau) *nachhaltig profitabel wachsen* und das alles in ihrem neuen Geschäftsbericht auch *kommuniziert* hätten.

Die Angst vor der einfachen Sprache

Der Schriftverkehr in Großunternehmen gehöre zum scheußlichsten, was durch den deutschen Sprachraum geistere, schreibt Wolf Schneider in seinem Buch „Deutsch" und fragt: Warum schreiben Angestellte so? Er vermutet, „dass sie Angst haben – Angst, von den Vorgesetzten nicht für wichtig genommen zu werden, wenn sie den Jargon nicht beherrschen, und Angst vor allem, schlichte Wörter würden die Dürftigkeit der Aussage offenkundig machen."
Es lässt sich wohl kaum überprüfen,ob dies zutrifft und nur auf große Firmen beschränkt ist. In der Sendung mit der Maus erklärt man Kindern und Erwachsenen anschaulich und verständlich was Solarenergie ist oder wie Kartoffelchips hergestellt werden. Die Macher der Sendung erklären komplizierte Dinge in einer einfachen Sprache. Einer der Macher, Christoph Biemann, sagt in einem Interview mit der Zeitschrift >personal-magazin<, warum viele Experten sich unverständlich ausdrücken und viele Fachausdrücke, Fremdwörter und Bandwurmsätze verwenden: *Sie haben Angst, dass ihr Profil bei den Kollegen darunter leiden könnte, wenn sie unwissenschaftlich sprechen.*

Auch Fach- und Führungskräfte in Unternehmen haben Angst, der Sache nicht gerecht zu werden, wenn sie sich einfach ausdrücken. Viele Mitarbeiter achten darauf, wie sich ihr Chef ausdrückt, dieser wiederum hat sich seine Ausdrucksweise von seinen Chefs abgeschaut. Und irgendwann denken alle, dass sie es sich nicht mehr leisten könnten, in einer einfachen Sprache zu sprechen und zu schreiben. Die Sprache in Unternehmen ist ausladend, mit vielen Substantiven und wenigen Verben und nicht immer verständlich und leicht zu lesen.

Sprache ist nicht logisch

Ein Buchmacher macht bekanntlich keine Bücher, sondern nimmt Wetten an; ein Walfisch ist kein Fisch, sondern ein Säugetier, was auch Laien wissen. Das Gegenteil von Ruhe ist die Unruhe; aber das Gegenteil von „Mengen" ist nicht Unmengen, das ist die Steigerung. Der Arzt verschreibt ein Rezept, aber verschreibt sich meistens nicht dabei.

Das Gegenteil von Vorteil ist Nachteil, aber das Gegenteil von Vorschlag ist nicht Rückschlag oder Nachschlag, sondern „kein" Vorschlag. Wir sprechen von Spannung und Entspannung, was aber ist das Gegenstück zu „Frühstück"? Spätstück? Nein, Abendbrot. Einen Kopf hat jeder, aber Köpfchen? Sprache ist nicht logisch. Sie ist Konvention, Übereinkunft. Alle Kultursprachen haben eine lange Entwicklung hinter sich. Sie sind kein ausgeklügeltes System, sondern eine gewachsene Form der Verständigung. Und Sprache hat etwas mit Gefühlen zu tun.

Sprachgefühl

Wir wissen alle, was Gefühle sind. Freude, Trauer, Wut, Begeisterung. Aber was ist gemeint mit dem Wort „Sprachgefühl"? Ein Gefühl dafür haben, was in einer Sprache richtig oder falsch ist? Ja. Aber braucht man dazu überhaupt „Gefühl" oder kann man das lernen wie Mathematik oder Geografie?

Die Neurowissenschaftlerin Angela Frederice vom Max-Planck-Institut in Leipzig vertritt in Anlehnung an Noam Chomsky die Auffassung, dass im menschlichen Gehirn eine angeborene Universalgrammatik festgeschrieben sei, genauer gesagt die Fähigkeit, ein solches Regelsystem zu lernen. Diese bislang unbewiesene These sei durch etliche Indizien gestützt. Die Leipziger Forscher haben ihre Studien auf Kinder ausgeweitet und konnten dabei beobachten, wie sich die richtige grammatische Struktur nach und nach entwickelt. Erste Untersuchungen brachten erstaunliche Ergebnisse. Die Gehirne von Fünfjährigen konnten bereits die korrekte grammatische Struktur eines Satzes bestimmen. Das junge Gehirn vollendet offenbar im achten Lebensjahr seine grammatische Entwicklung. Offenbar lernen wir Sprechen wie Schwimmen oder Fahrrad fahren. Das Erlernte läuft dann unbewusst ab.

Richtiges, grammatikalisch einwandfreies Deutsch zu schreiben, lernt man schon in der Schule. Doch korrekt zu schreiben ist noch kein guter Stil. Beispiel:

Will ein Unternehmen etwas erreichen, muss das, was erreicht werden soll, also die Unternehmensziele, denjenigen, die an ihrer Erreichung arbeiten, bekannt sein.

Dieser Satz eines Arbeitsdirektors ist von der Grammatik her korrekt: Was der Schreiber ausdrücken wollte, ist sehr umständlich formuliert, mit zu vielen Worten. Das hätte man kürzer und zeitsparender schreiben können: „Die Mitarbeiter müssen die Unternehmensziele kennen."

Es muss um mehr gehen als um korrektes Deutsch, wenn wir von Sprachgefühl reden. Das hat etwas mit Intuition zu tun, mit einem Gespür für das richtige Wort und dem Satzbau, wie man etwas verständlich, präzise, knapp und anschaulich ausdrückt. Wir können unser Sprachgefühl entwickeln, schärfen und verfeinern.

Sprache hat nicht nur den Zweck, auszudrücken, was ist, sondern auch, was sein soll. Mit dem, was ich sage, möchte ich etwas erreichen, bewirken, zum Beispiel den anderen trösten, aufmuntern, begeistern, ihn dazu bewegen, bestimmte Dinge zu tun oder zu unterlassen. Wir wollen mit dem Appell Einfluss nehmen, überzeugen, beruhigen oder als Führungskraft Ängste gegenüber Veränderungen abbauen. Ob ein schriftlicher Appell das richtige Mittel zur Lösung von Problemen ist, darf man bezweifeln. Wer Begeisterung bei Mitarbeitern auslösen oder eine Verhaltensänderung erreichen will, wird die Grenzen der schriftlichen Kommunikation schnell erreichen. Wie bei der mündlichen Rede muss der Sender bei der schriftlichen Kommunikation die Gefühle ansprechen: Wir können positive und negative Gefühle auslösen. Wir können durch Sprache Geringschätzung oder Wertschätzung ausdrücken, Lob und Tadel.

Stil ist kein Selbstzweck, sondern stets ein Mittel zum Zweck. Mit dem, was wir schreiben verbinden wir eine bestimmte Absicht. Man spricht auch von der kommunikativen Kraft des Textes.

Der große Alexander soll Diogenes, den Mann in der Tonne, gefragt haben: „Sag', was du begehrst, und der Wunsch sei dir erfüllt." Und Diogenes antwortete: „Geh' mir aus der Sonne!"

Das ist klar, eindeutig und souverän formuliert. Diogenes redet Tacheles. Das Gegenteil, das Schönreden, der Gefühlsjargon und die Erfolgsrhetorik sind heute sehr verbreitet. Wie schön manche reden: Wie brave Schüler sagen sie, dass sie ihre

Hausaufgaben gemacht hätten, dass sie „gut aufgestellt" wären, dass sie den „Personalabbau sozialverträglich" gestaltet und in „persönlichen Gesprächen kommuniziert" hätten. Durch die „Optimierung der Vertriebskonzepte und Verbesserung der internen Strukturen" sei eine „Steigerung der Effizienz in der Prozesskette" eingetreten und durch die „Entwicklung neuer Visionen für die Zukunft" ein „profitables Wachstum" garantiert. Ein Pharma-Konzern schreibt in seinem Nachhaltigkeitsbericht:

XYZ will innovative, ethische, wachstumsorientierte und herausfordernde Arbeitsplätze anbieten und verbindet damit die Erwartung, dass alle Mitarbeitenden zum Geschäftsergebnis beitragen und sich am Erfolg beteiligen.

Aus Mitarbeitern werden „Mitarbeitende", aus stinknormalen Stellen „ethische, wachstumsorientierte Arbeitsplätze". Das nenne ich innovativ. Das hat es bisher nicht gegeben: Arbeitsplätze mit Gewissen.

Das Unternehmen, ein Global Player, hat einen neuen Chef, CEO genannt: Chief Executive Officer, der sich seinen Mitarbeitern per E-Mail vorstellt. Er teilt ihnen mit, dass er sich auf die neue „Herausforderung" freue, was alle neuen Chefs tun. Und dann kommt der entscheidende Satz:

Wir fokussieren uns auf unsere Stärken.

Hört sich ganz gut an. Aber hat der CEO das richtige Wort benutzt, wenn er „fokussieren" sagt? Nein. Das Wort „Fokus" kommt aus dem Lateinischen: focus (Feuerstelle) und bedeutet „Brennpunkt". Das Verb „fokussieren" bedeutet: In einem Punkt vereinigen (Lichtstrahlen), ausrichten (Linsen), ein Objektiv scharf stellen.
Es muss in unserem Fall richtig heißen: Wir konzentrieren uns auf unsere Stärken. Es gibt natürlich die bildhaften, konkreten und echten Substantive: Regen, Erde, Himmel. Da sind noch die bildnahen: Liebe, Treue, Glück und die bildleeren, unechten, abstrakten Hauptwörter: Alle Wörter, die mit -ung, -heit, -keit, -ismus enden: Selbständigkeit, Offenheit, Befindlichkeit, Konkretisierung.

Wer will einem Chef die Liebe zum Substantiv streitig machen:

Wir müssen unsere Kräfte auf das Gewinnen neuer Aufträge konzentrieren.

Schön neu sollten sie schon sein.
Text aus einer Stellenanzeige, mit der ein Managementberatungs-Unternehmen Business Coaches sucht:
Für die weitere Expansion suchen wir Business Coaches. [...] Wir unterstützen den gesamten Lebenszyklus von Beschäftigungsverhältnissen, d.h. Gewinnen, Entwickeln, Binden und Trennen von Mitarbeitern bzw. ganzen Teams.... Es erwartet Sie ein angenehmes Klima und die Möglichkeit, gemeinsam mit internationalen Partnern auch grenzüberschreitend zu arbeiten.

Beim >Mitarbeiter entwickeln< kann es eng werden. Am schwierigsten stelle ich mir die Trennung von Mitarbeitern vor. Es gibt nicht viele Chirurgen, die sich zutrauen, siamesische Zwillinge zu trennen. Bei Mitarbeitern hat es noch keiner probiert. Mit internationalen Partnern zu arbeiten, kann ich mir *nur* grenzüberschreitend vorstellen, sonst wird nichts aus der Zusammenarbeit.

Heinrich Heine spottete über die Grammatikkenntnisse seines Bruders und Kaufmanns Salomon:
Bei offiziellen Diners stehe ihm ein Diener für den Dativ und einer für den Akkusativ zur Seite.
Manch tüchtiger Kaufmann versteht eben mehr vom Verkaufen als vom richtigen Umgang mit der deutschen Sprache. Von einem Fachbuchautor kann man erwarten, dass er korrekte Sätze in seinem Buch formuliert. Beispiel:

Mein alter Freund Dr. XY, begleitet meine Schreibarbeiten seit meinem ersten Buch. Allerdings geht unsere Freundschaft weiter. Die gemeinsame Einnahme von Getränken führt immer wieder einmal zu recht lustigen Feier-Abenden.

Sind diese beiden Sätze von der Grammatik her zu beanstanden? Nein, der Text ist sprachlich korrekt, aber stilistisch nicht von höchster Qualität. Richtiges Deutsch zu schreiben ist notwendig, aber es genügt nicht.

Wer etwas thematisiert, macht es zum Thema, greift es auf, wer ein „Problem realisiert", hat sich die Schwierigkeit klar gemacht, Wer Gefühle verbalisiert, drückt sie aus, mit Worten, und wenn wir jemand für eine Sache sensibilisieren, dann machen wir ihn dafür empfindsamer.

Adjektive

Die Effizienzsteigerung war umfassend, die Programmstrukturen tragend, das Ergebnispotenzial beträchtlich, das Portfolio umfangreich und die Projektarbeit effizient. Was will man mehr.

Es gibt Adjektive, die manche für das Salz in der Suppe halten. Wenn wir formulieren: „Nach seiner Überzeugung..." klingt das schwach. Erst das Adjektiv „feste" macht eine Person glaubwürdig. Wenn im Unternehmen von „Veränderung" die Rede ist, klingt das harmlos wie Husten. Erst die Beifügung „tiefgreifend" macht aus dem Husten eine Lungenentzündung. Natürlich waren die Gespräche mit dem Betriebsrat nicht nur schlichte Beratungen. Es waren „eingehende Beratungen", wie es sich bei seriösen Dingen gehört. Und die Bedenken, die der Betriebsrat vorgetragen hat, waren keine einfachen oder leichten, nein. Es waren „schwerwiegende Bedenken". Andere Bedenken würden auch überhaupt nicht zählen. Das ändert aber nichts an der Einstellung der Firmenleitung, auch weiterhin mit dem Betriebsrat „kooperativ" zusammenzuarbeiten.

Schachtelsatz

Aus dem Bericht des Aufsichtsrats:

Die Ausschüsse bereiten Themen, die im Plenum zu behandeln sind, sowie Beschlüsse des Aufsichtsrats vor.
Grammatikalisch ist der Satz korrekt. Aber ist er auf Anhieb zu verstehen? Man kann eingeschobene Sätze mit einem kleinen Trick verständlicher formulieren, wenn man das Zeitwort so früh wie möglich in den Satz einfügt:
>>Die Ausschüsse bereiten Themen vor...<<

Aus demselben Geschäftsbericht:

Dieser Veräußerung stimmte der Aufsichtsrat, nachdem ihm weitere detaillierte Informationen vorgelegt worden waren, Ende 20xx im schriftlichen Verfahren zu.

Die Leser müssen lange darauf warten, um zu erfahren, wie die Entscheidung ausgegangen ist. Das lässt sich vermeiden:

Der Aufsichtsrat stimmt der Veräußerung Ende 20xx im schriftlichen Verfahren zu.

Eingeschobener Satz

Aus einer Betriebsvereinbarung über den Schutz gegen sexuelle Belästigung:

Sexuelle Belästigung, die sich meist gegen Frauen richtet und Mobbing gegen einzelne sowie Diskriminierung nach Herkunft und Hautfarbe und der Religion, stellen am Arbeitsplatz eine schwerwiegende Störung des Arbeitsfriedens dar und gelten als Verstoß gegen die Menschenwürde, sie stört den Arbeitsfrieden.

Eingeschobene Sätze hemmen das flüssige Lesen. In unserem Beispiel dauert es lange, bis man merkt, worauf es ankommt: Sexuelle Belästigung und Mobbing betrachten wir als Verstoß gegen die Menschenwürde ...

Überflüssige Sätze

Die Kunst besteht darin, das Richtige wegzulassen und im Mut zur Lücke. Was ist überflüssig, und was kann man weglassen, weil man es sich denken kann, weil es zwischen den Zeilen steht, weil der Leser es schon weiß, das Selbstverständliche. Beispiele:

Aus dem Geschäftsbericht eines Berliner IT-Unternehmens (Brief an die Aktionäre): *Noch bessere Ergebnisse können sich in Zukunft auch positiv auf den Aktienkurs auswirken. Hier ist sich der Vorstand seiner Verantwortung bewusst. Deshalb hat kontinuierliche Ergebnissteigerung jetzt absolute Priorität für uns.*

Als Aktionär würde ich mich fragen: Muss der Vorstand erklären, wofür er bezahlt wird? Diese beiden Sätze sind überflüssig wie ein Kropf.

Aus dem Geschäftsbericht einer großen Krankenkasse:

Engagierte und kompetente Führungskräfte haben einen entscheidenden Einfluss auf die Motivation ihrer Mitarbeiterinnen und Mitarbeiter. Gerade in einem dynamischen Wettbewerbsumfeld sind sie wichtige Multiplikatoren von Lern- und Veränderungsprozessen und damit bedeutsam für den Erfolg eines Unternehmens.
Die Kasse legt großen Wert darauf, die Führungskräfte in ihrer Arbeit zu unterstützen und ihre Weiterbildung zu fördern. Gleichzeitig gilt es, den Führungsnachwuchs gezielt auf seine Aufgaben und die Verantwortung vorzubereiten

Erfahren die Leser etwas Neues?

Internet-Einstiegsseite einer Personaberaterin

Unternehmen, Mitarbeiter und Umwelt bilden ein komplexes Wirkungsgefüge. In diesem Wirkungsgefüge können Herausforderungen oder Probleme auftreten, die sich trotz erheblichem Aufwand nicht greifen lassen. Meine Aufgabe ist es, das organisatorisch-fachlich-soziale Kernproblem zu erfassen.

Wahrnehmungsbereitschaft für das, was einwirkt, sich auswirkt und mit anderen Faktoren positiv wie negativ zusammenwirkt, steht bei mir im Mittelpunkt. Von außen und mit entsprechender Erfahrung kann ich die weniger offensichtlichen Aspekte und Zusammenhänge recherchieren.

Gemeinsam mit meinem Kunden erschließe ich jenes unbekannte Gebiet, auf dem sowohl die Erfolgs- wie auch die Störfaktoren liegen. Jede meiner Aufgaben ist so einzigartig wie ihre jeweilige Kombination aus Persönlichkeiten, Kulturen, Märkten, Professionen und dem daraus historisch gewachsenen Zusammenspiel. Wenn ich den Knotenpunkt für ein Problem analysiert und dem Kunden sichtbar gemacht habe, erhält er damit eine handlungsrelevante neue Perspektive. Auf dieser Grundlage lassen sich Maßnahmen treffsicher definieren.

Verstanden habe ich das alles nicht. Sucht die Beraterin vielleicht Abenteurer für eine Expedition in „unbekanntes Gebiet"?

Juristendeutsch

Größere Unternehmen beschäftigen Juristen. Sie arbeiten u.a. Verträge aus, die für Laien nicht immer verständlich formuliert sind.

Das gilt auch Anwälte und Richter: Sie sprechen von "wahren Tatsachen", als gäbe es auch falsche. Sie schreiben Sätze wie "Die Revision des Klägers ist unbegründet", obwohl der Kläger gute Gründe hatte. Was könnten sie meinen? Die Revision wird abgelehnt; die Gründe rechtfertigen keine Revision. Warum schreiben sie so verwirrend?

Kann ein mündiger Bürger in einem demokratischen Rechtsstaat nicht erwarten, dass Gesetzestexte, Gerichtsurteile und Verträge in einer klaren, auch für den Laien verständlichen Sprache formuliert werden?

Recht sei im Wesentlichen Sprache, schreibt der Rechtsprofessor Uwe Wesel (Alles, was Recht ist, 2007). Die Sprache der Juristen zeichne sich aus durch hohe Abstraktion, wenig Anschaulichkeit, eigene Begriffe, umständlichen Stil mit langen Sätzen, Verschachtelungen und vielen Substantiven, so Uwe Wesel.

Die Sprache der Juristen, so Wesel, sei ungenau und unverständlich. Das Problem der Ungenauigkeit wird wohl kaum zu lösen sein, denn ein Tatbestand, ein Problem lässt sich nicht so präzise formulieren, dass alle Streitfälle, die später auftauchen, gelöst werden könnten. Alles logisch und genau zu formulieren, werde nicht gelingen.

Stellenanzeigen

Stellenanzeigen gleichen häufig Heiratsanzeigen. Man übertreibt. Unternehmen wollen der angebotenen Position Bedeutung verleihen. Sie stellen Unternehmen und Position in schillernden Farben dar. Personalberatern fällt es besonders leicht, dies im Namen ihres Auftraggebers zu übernehmen. Beispiel:

Unser Klient ist die deutsche Tochtergesellschaft eines weltweit erfolgreichen forschenden Pharmakonzerns und genießt dank der hochwertigen Produktpalette in anspruchsvollen Indikationsgebieten eine exzellente Reputation (.....)
Um unsere daraus resultierende stark wachsende Personalstruktur auch in Zukunft weiterhin qualifiziert betreuen zu können, suchen wir zum nächstmöglichen Zeitpunkt eine fachlich souveräne Persönlichkeit (m/w), die als Personalreferent ein breit gefächertes Aufgabenspektrum zu übernehmen in der Lage ist.

Mit einfachen, aber qualifizierten Fachleuten gibt man sich nicht zufrieden. Das irritiert Bewerber, die sich bei so viel Exzellenz doch eher klein vorkommen.

Was man in Stellenanzeigen so liest:

- *Wir suchen für diese wichtige und ambitiöse Position eine erfahrene Führungspersönlichkeit ...*
(kann eine Position ehrgeizig sein?)

- *Das Umfeld ist freizeitinteressant.*
(Eine interessante Wortschöpfung, ausgerechnet in einer Stellenanzeige, in der die Arbeit im Mittelpunkt steht.)

- *Vertriebsleiter von der Stange haben hier keine Chance.*
(ich weiß nicht genau, was die Firma damit meint. Sollen die Bewerber aus der Textilbranche kommen?

- Wir suchen einen gut ausgebildeten Internal Sales Executive für unser Headquarter in München, der fähig ist, in einem temporeichen Team zu arbeiten.
(Was ist ein temporeiches Team?)

- Sie sollten über gute Kenntnisse der englischen Sprache verfügen.
(Es wäre gut, wenn der künftige Mitarbeiter auch Englisch sprechen könnte)

- Sie verfügen über einen effizienten Arbeitsstil.
(keine Führungskraft ist in diesem Punkt von Selbstzweifeln geplagt.)

- Sie übernehmen sämtliche Aufgaben der qualitativen und quantitativen Personalbeschaffung.
(Sie suchen die Richtigen)

- Sie zeichnen sich durch hohe Belastbarkeit aus und verfügen über hohe Zeitmanagement-Kompetenz.
(Sprach-Kompetenz wäre auch nicht schlecht)

- Ihre Aufgabe wird es sein, neue Kunden zu akquirieren, kompetent zu betreuen und ständig weiterzuentwickeln.
(„sich weiterentwickeln", das müssen die Kunden schon selbst machen)

- Der Personalbetreuungsrahmen erstreckt sich auf 450 Mitarbeiter
(Ein neues Wort für das „Substantiv-Wörterbuch für Organisationen")

- Kontakt- und Teamfähigkeit sowie überzeugende soziale Kompetenz stehen bei Ihnen im Vordergrund.
(Und was ist im Hintergrund?)

- die Förderung Ihrer Mitarbeiter und das Heben vorhandener Potenziale liegt Ihnen am Herzen und ist notwendige Voraussetzung für die erfolgreiche Weiterentwicklung des Personalbereichs.
(Hoffentlich gibt es genügend Taucher, die den Schatz heben.)

- *Sie verfügen über praxiserprobte Arbeitsrechts-Kenntnisse, ein kommunikationsstarkes Auftreten und ein natürliches Talent für aktives Zuhören.*
("praxiserprobte Arbeitsrechtskenntnisse" gibt es noch nicht, nur Kenntnisse, die man erwerben und dann anwenden kann. Man kann nur spekulieren, was "kommunikatives Auftreten" sein könnte. Vielleicht der "sprechende Schuh"? Und jetzt noch die Preisfrage der Woche: Gibt es ein natürliches Talent zum aktiven Zuhören? Den ersten Preis hat jemand gewonnen mit dieser Antwort: Ich kenne einen Taubstummen, der hat dieses Talent.)

- *Sie verfügen über einen akademischen Hintergrund.*
(Ich hatte schon befürchtet, man verlangt ein Studium.)

- *Wir rekrutieren und entwickeln unsere Mitarbeiterinnen und Mitarbeiter über die unmittelbaren Stellenanforderungen hinaus.*
(Die Mitarbeiter müssen sich schon selbst entwickeln.)

- *Anzeigenleiter gesucht: Der richtige Kandidat hat soziale Kompetenz und eine positive Ausstrahlung und versteht es, sowohl Kunden als auch Kollegen und Mitarbeiter zu motivieren und zu überzeugen.*
(Wozu soll er die Kollegen motivieren und wovon überzeugen?)

- *Personalassistentin: Sie bearbeiten die vielfältigen Aufgabenstellungen in einer Personalabteilung*
(Es würde doch reichen, wenn sie ihre Aufgaben erledigt, oder?)

- *Wir denken an einen Führungstypus, der generalistisch orientiert ist und über geistige Neugier verfügt.*
(neugierig wäre ich schon, aber geistig?)

- *Wir erwarten Vertriebsaffinität ...*
(hoffentlich finden sie jemand, der auch verkaufen kann)

- *Wir sind ein führender Projektentwickler, der aus Bauland Immobilien macht .*
(es geschehen noch Wunder)

- Für diese komplexe Aufgabe suchen wir das Gespräch mit einer hochschulausgebildeten Unternehmerpersönlichkeit.
(der Personalberater gibt sich bescheiden. Andere suchen gleich den Kandidaten, er zunächst das Gespräch)

"Thank God it`s Monday"
(Stellenanzeige IT-Firma Dell)

Euphemismus

Schönreden kennt jeder aus der Alltagssprache. >>Das ist eine starke Frau<< kann bedeuten, dass sie dick ist oder aber, dass sie einen starken Charakter hat. Wenn ein Schriftsteller wie Philip Roth „dick"meint, dann klingt das so:
Ihr Körper nahm mehr Raum ein als früher (Sterbendes Tier, 2001).

Nicht jeder kann sich so elegant ausdrücken. Doch auch Mitarbeiter in Unternehmen lassen ihre Phantasie spielen. Den Rausschmiss, die Entlassung oder jemand den Stuhl vor die Tür setzen nennen sie umstrukturieren, freisetzen, rationalisieren, Personalabbau, Sanierung, Verschlankung, Trennungskultur, sozialverträgliche Maßnahme, Personalanpassung.
Führungskräfte können auch anders. Sie fahren mit dem ICE. Im Speisewagen wird nicht nur gegessen und getrunken, sondern auch viel telefoniert. Da man nicht will, dass das Essen kalt wird, bevorzugt man eine knappe Ausdrucksweise. In diesem Fall ist man auch dazu bereit, der englischen Grammatik zu folgen. Sie sagen nicht: „Ich rufe Sie wieder an", sondern knapper: Ich rufe Sie zurück (I call you back). Man spart ein Wort, der Anfang ist gemacht. Das lässt sich steigern. Sie sagen nicht: „Ich kann mich nicht daran erinnern", sondern: „Ich erinnere das nicht" (I can´t remember that). In diesem Fall werden zwei Wörter eingespart. Wer „gespart" schreibt, spart eine weitere Silbe.

Die Bahn selbst bemüht sich um einen netten, kundenfreundlichen Ton, sogar auf der ICE-Toilette: *Bitte verlassen Sie diesen Raum so, wie sie ihn vorfinden möchten.*
Hat die Bahn jetzt ein Sprach- oder ein Personalproblem?

Zu guter Letzt: Wie soll man schreiben?

Mein Vorschlag: Lakonisch. Das Wort „lakonisch" kommt vom griechischen. Lakonikas, was spartanisch bedeutet, nach der spartanischen Lebensauffasung, zu der auch die Wortkargheit gehört. Nach der griechischen Landschaft Lakonien (Pelopennes).

Lakonisch formulieren heißt: Kurz, treffend, einsilbig, prägnant, wortkarg, schnörkellos, kurz und bündig. Eine lakonische Ausdrucksweise spart Zeit, sowohl beim Sender als auch beim Empfänger. Jedes schmückende Beiwerk fällt weg, was die Verständlichkeit erhöht und Missverständnissen vorbeugt.

Lakonische Texte stehen im Gegensatz zur redudanten Ausdrucksweise. „Redundant" kommt aus dem Lateinischen und bedeutet: überfließen. übereichlich, weitschweifig.

15. Gruppenarbeit

Wie leite ich ein Team? Wie eine Projektgruppe?

Wer kennt sie nicht, diese endlosen Besprechungen, wo „wichtige" Leute nicht enden wollende Monologe halten, wo es angeblich nur um die „Sache" geht, wo Gefühle bewusst unterdrückt, wo Konflikte unter dem Tisch gehalten werden.
Die Ergebnisse vieler Besprechungen und Konferenzen sind kärglich und die Teilnehmer ziemlich frustriert. Muss das so sein?

Oder die Arbeit in Projektgruppen: Warum geht es nur schleppend voran? Warum ist es so schwer, die Teilnehmer auf Linie zu bringen, sie von meinen Ideen zu überzeugen? Es treten Konflikte auf. Jeder will sich profilieren, auf Kosten der anderen und kocht sein eigenes Süppchen. Wie kann man das verhindern? Wie arbeitet man mit der Gruppe effizient und erzielt positive Arbeitsergebnisse?

Regeln für die Gruppenarbeit (Themenzentrierte Interaktion nach Ruth Cohn)

Ruth Cohn hat eine Methode entwickelt, die sie „Themenzentrierte Interaktion" (TZI) nennt, eine unglückliche Wortschöpfung. Was ist TZI? Es handelt sich um das Lebenswerk Ruth Cohns und besteht darin, sachliche Gesichtspunkte (Thema) mit dem Menschlichen und Mitmenschlichen (Ich + Wir) in Einklang zu bringen. Die Sach- und Beziehungsebene gehören bei Ruth Cohn zusammen. Man könnte TZI mit „themenbezogener Gruppenarbeit" übersetzen.

Das Grundprinzip der interaktionellen Methode ist die „dynamische Balance".
Die Grundelemente, das ICH, das WIR, das ES, müssen gleichgewichtig behandelt werden.

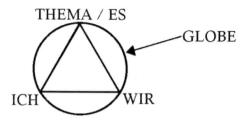

ICH = die eigenen Gefühle, Gedanken und Bedürfnisse
WIR = Interaktion in der Gruppe
ES = die Aufgabe, das Thema, um das es in der Gruppe geht
GLOBE = Die Welt um uns herum, die Realiät

Es kommt noch ein vierter, wichtiger Faktor hinzu: der Globus, die Umwelt. Eine Gruppe darf nicht das Umfeld, die Welt, in der wir leben, aus den Augen verlieren. Das wäre realitätsfremd. Die Außenwelt beeinflusst immer die Arbeit in der Gruppe.

TZI beruht auf humanistisch-holistischen Grundsätzen. Es gibt Regeln und Hilfsregeln. Hier die wichtigsten:

Postulate

- Du bist dein eigener Chairman. Leite dich selbst, sei du selbst!

- Höre auf deine inneren Stimmen, deine verschiedenen Bedürfnisse, Wünsche, Motivationen, Ideen. Brauche alle deine Sinne: Höre, sehe, rieche, nimm wahr!

- Gebrauche deinen Geist, dein Wissen, deine Urteilskraft, deine Verantwortlichkeit, deine Denkfähigkeit.

- Wäge deine Entscheidungen sorgfältig ab. Niemand kann dir deine Entscheidung abnehmen.

- Ich akzeptiere mich, wie ich bin. Das schließt meine Wünsche und Absichten ein, mich zu ändern.
- Ich mache mir meine Gefühle bewusst und wäge das „Ich soll" gegen mein „Ich möchte" ab.

- Sich selbst und andere wahrnehmen.

- Menschliche Achtung gegenüber den anderen.

- Welche Möglichkeiten habe ich, wo sind meine Grenzen: Ich bin nicht allmächtig, ich bin aber auch nicht ohnmächtig.

Störungen haben Vorrang

Störungen fragen nicht nach Erlaubnis, sie sind da: als Schmerz, als Freude, als Angst, als Zerstreutheit.
Wer sich ärgert, zu sehr langweilt, Schmerzen hat, aufgeregt ist, sich freut oder sich nicht konzentrieren kann, soll es sagen.
Störungen und leidenschaftliche Gefühle haben Vorrang vor dem behandelten Thema. Sie müssen erst beseitigt werden.

Hilfsregeln

1. Vertritt dich selbst in deinen Aussagen, sprich nicht per MAN oder WIR, sondern per ICH.

Die Formulierungen

> o Wir glauben
> o Man tut das nicht
> o Jemand denkt
> o Niemand sollte

sind fast immer persönliche Versteckspiele. Wenn ich an meine eigene Aussage glaube, brauche ich keine fiktive, quantitative Unterstützung des anderen.
Die Regel fordert auch, „verantwortliche Aussagen" zu machen.

2. Sei authentisch und selektiv in deiner Kommunikation. Mach dir bewusst, was du denkst und fühlst, und wähle, was du sagst und tust.

Wie leite ich eine Gruppe?

Ruth Cohn hat die Frage so beantwortet:

- Ich beschäftige mich mit dem Thema, was ich davon weiß, und warte, was die anderen sagen.

- Ich fördere Meinungs- und Gefühlsäußerungen, ähnlich wie in Therapiegruppen, nur gehe ich auf persönliche Probleme nicht länger ein.

- Ich lasse jeden so sein, wie er ist, solange niemand gegen sich selber oder andere destruktiv zu sein scheint. Nur dann interveniere ich. So fördere ich ein akzeptierendes, tolerantes Klima.

- Ich verstehe das Thema und die Wichtigkeit der Person und ihre Kommunikation. Gefühle sind mir gleich wichtig.

- Wenn Störungen oder starke Betroffenheit jemanden hindern, sich auf die Gruppe einzulassen, gebe ich Störungen und Ablenkungen den Vorrang.

- Ich bin nur Leiterin. Ich bin Mitglied der Gruppe wie alle anderen, mit einer zusätzlichen Funktion: die Arbeit, die Interaktion der Gruppe, die Betroffenheit oder eben Störungen wahrzunehmen und mich einzusetzen, wenn ich glaube, dass es angemessen sei.

Rolle des Gruppenleiters

Der Gruppenleiter ist verantwortlich dafür, dass die Balance ICH-WIR-ES hergestellt wird. Er muss also seine Aufmerksamkeit richten auf das Thema, sich selber, die anderen Teilnehmer, die Interaktion und das Einhalten der angebotenen Struktur (Gruppenarbeit, Kleingruppenarbeit, Zweiergespräche, Rollenspiele. Die Struktur wird durch die Gruppe festgelegt).

Der Leiter der Gruppe hat dafür zu sorgen, dass das Thema, die Aufgabe themenzentriert und positiv formuliert werden:
Nicht: „Reklamationen", sondern „Was müssen wir tun, um die Reklamationsrate zu halbieren?"

Der Leiter der Gruppe fördert die Autonomie jedes einzelnen Teilnehmers, behandelt jeden gleichwertig und versucht, ein angstfreies Klima herzustellen.

Beispiel: Leiten einer Projektgruppe

Sie erhalten den Auftrag, eine Projektgruppe zusammenzustellen und zu leiten mit dem Ziel, Vorschläge zu erarbeiten für ein zeitgemäßes Arbeitszeitmodell. In der Firma, ein Dienstleistungsunternehmen mit insgesamt 1.200 Angestellten, die in der Zentrale und in fünf Niederlassungen arbeiten, gibt es die gleitende Arbeitszeit: Gleitspannen von 7 bis 9.00 und 16 bis 18.00, also einer Kernzeit von 9.00 bis 16.00 Uhr. In dieser Zeit müssen alle Mitarbeiter anwesend sein.

Schritt-für Schritt-Anleitung

1. Schritt: Projektleiter wählt Teilnehmer aus

Sie bilden eine Projektgruppe mit 8 bis 10 Teilnehmern, möglichst aus allen Unternehmensbereichen. Es sollte jedoch mindestens ein Mitglied des Betriebsrats dabei sein. Die Teilnahme ist freiwillig.

2. Schritt: Projektleiter bereitet erste Sitzung vor

Als Leiter der Projektgruppe laden Sie die Teilnehmer schriftlich zur ersten Sitzung ein. Gleichzeitig erhalten die Teilnehmer schriftliche Informationen über die bestehende Betriebsvereinbarung zur gleitenden Arbeitszeit und Unterlagen über Arbeitszeitmodelle vergleichbarer Firmen in der Branche.

3. Schritt: Erste Sitzung der Projektgruppe (max. 1 Stunde)

Sie als Leiter erläutern die Regeln der Gruppenarbeit nach TZI (Flipchart). Projektgruppe formuliert das Ziel themenzentriert (Vorschläge auf Flipchart schreiben oder die Teilnehmer schreiben ihre Vorschläge auf Kärtchen, die an eine Pinnwand geheftet werden).

Vorschläge

- Kundenorientiertes Arbeitszeitmodell entwickeln
- Mitarbeiterorientierte, flexible Arbeitzeit
- Weiterentwicklung des bestehenden Gleitzeitmodells
- Anpassung der Arbeitszeiten an die Betriebszeiten.

Die Gruppe verständigt sich auf die Formulierung:

Kundenfreundliches und flexibles Arbeitszeitmodell entwerfen.

Das Projektteam einigt sich auf einen Termin für die nächste Sitzung und einen Protokollführer.

4. Schritt: Diskussion über bestehendes Gleitzeit-Modell

Zweite Sitzung: (max. 1 Stunde)

Projektleiter schreibt das Thema (Ziel) auf den Flipchart und schlägt der Gruppe vor, ihre Erfahrungen und Meinungen zur gegenwärtigen Gleitzeitregelung auf Karten zu schreiben nach folgendem Schema:

Was mir gefällt:	Was geändert werden sollte:

Die Karten werden an die Pinnwand geheftet. (Kleine Pause einlegen, damit sich die Teilnehmer darüber informieren können, was die anderen geschrieben haben).

Die Gruppe diskutiert die Ergebnisse. Danach schlägt der Projektleiter vor, dass ihm jeder Teilnehmer seine Antwort auf die Frage zurufe:

Was ich mir in Sachen Arbeitzeit wünsche.

Er notiert auf dem Flipchart:

- Job-Sharing
- Flexible Teilzeit
- Flexible Pensionierung
- Variable Arbeitszeiten
- Jahresarbeitsverträge
- Telearbeit
- Freie Arbeitszeit von 6.00 bis 24.00

Der Projektleiter fordert nun die Teilnehmer auf, ihre Vorschläge zu konkretisieren. Danach erhält jeder Teilnehmer drei rote Punkte, die er entsprechend seiner Priorität beliebig auf die Vorschläge verteilen kann.

Die Gruppe einigt sich auf einen neuen Termin.

5. Schritt: Zwischenbericht, Kleingruppen-Arbeit

Dritte Sitzung: (max. 2 Stunden)

- Protokoll der letzten Sitzung verteilen und evtl. Einwände besprechen.

- Projektleiter gibt einen kurzen Zwischenbericht über den Stand der Arbeit. Gleichzeitig fordert er die Gruppe auf, sich über die bisherige Arbeit, die Kommunikation und Interaktion zu äußern (Metakommunikation: Müssen wir etwas ändern?)

- Projektleiter schlägt die Arbeit in Kleingruppen vor für die ersten drei Themen der Prioritätenliste. Dauer: eine halbe Stunde. Die Kleingruppen sollen ihre Ergebnisse auf Flipchartpapier stichwortartig festhalten und dem Plenum vortragen. Die Ergebnisse werden im Plenum zur Diskussion gestellt.

- Gruppe einigt sich auf nächsten Termin. Ein Teilnehmer schlägt vor, dass auf der nächsten Sitzung der Arbeitsrechtler der Firma die Projektgruppe über die rechtlichen Aspekte bei der Arbeitszeit und die Mitbestimmung des Betriebsrats informieren sollte. Die Gruppe ist einverstanden. Der Projektleiter wird dies organisieren.

6. Schritt: Arbeitsrechtliche Gesichtspunkte, Vorbereitung des endgültigen Vorschlags der Projektgruppe

Vierte Sitzung: (max. 60 Minuten)

- Protokoll verteilen

- Referat über arbeitsrechtliche Gesichtspunkte, Fragen dazu (30 Minuten)

- Projektgruppe beauftragt eine 3er-Gruppe, die konkrete Vorschläge für ein künftiges Arbeitszeitmodell bis zur nächsten Sitzung formulieren soll.

- Gruppe einigt sich auf einen neuen Sitzungstermin.

7. Schritt: Beschluss über den endgültigen Vorschlag

- Protokoll und die schriftlich formulierten Vorschläge verteilen

- Diskussion und Änderungsvorschläge

- Konsens herstellen
- Präsentation der Ergebnisse vorbereiten: Schriftlicher Bericht durch den Projektleiter, Präsentation durch die Gruppe: Wer macht was?

8. Schritt: Präsentation der Ergebnisse

Projektgruppe präsentiert der Geschäftsleitung die Ergebnisse ihrer Arbeit. Die Gruppe legt fest, welche Teilnehmer welche Einzelthemen vorstellen.

Der Glaube an die Weisheit der Gruppe

Seit Projektarbeit zur Lösung von Problem in Unternehmen eingesetzt wird, werden die Vorzüge gepriesen. Bei großen Projekten, wie zum Beispiel Einführung einer neuen EDV, stellt sich die Frage nicht, weil ein einzelner Mitarbeiter das Problem alleine ohnehin nicht lösen könnte.

Die Frage lauten: Wann ist die „Weisheit der Gruppe" fraglich? Was sind die Gefahren des Gruppendenkens?

Beispiel 1 : Wikipedia, die Internet-Enzyklopädie

Jeder kann dort – auch anonym - Beiträge einstellen, andere Texte löschen oder Kommentare zu Artikeln abgeben. Das klingt nach unendlicher Freiheit. Tatsächlich unterliegen die Texte einer Zensur. Es gibt sogenannte Administratoren, die für Ordnung sorgen. Sie bestimmen, was im Netz bleibt oder wieder gelöscht wird. Das ist nicht nur auf Extremfälle beschränkt, wie zum Beispiel Nazi-Propaganda oder Autonomen- und Anarchistentexte. Es werden auch Zitate großer Literaten gestrichen, wenn sie nicht politisch korrekt sind oder Literaturangaben, die als Eigenwerbung oder überflüssig eingestuft werden. Was im Netz bleibt, bestimmen die Administratoren. Sie passen auf, dass alles nach den Regeln geschieht, die der amerikanische Gründer Jimmy Wales aufgestellt hat:

1. Bestand hat, was von der Gemeinschaft akzeptiert wird.

2. Es gilt der Grundsatz des „neutralen Standpunktes" (Newtral Pont of View). Danach „soll ein Artikel so geschrieben sein, dass möglichst viele Autoren zustimmen können."

Über die Einhaltung dieser Grundsätze wachen alle Benutzer, Tag und Nacht. Wer schon einmal einen Text bei Wikipedia eingestellt hat, weiß ein Lied davon zu singen. Die deutschen Aufpasser sind sehr pingelig. Da es sich um Laien handelt, korrigieren sie auch unerbittlich Fachleute, denn die Gemeinschaft bestimmt, was „enzyklopädiefähig" ist, und sie wird von den Benutzern repräsentiert, die zugleich Aufseher sind. Am Leichtesten tun sie sich mit dem sehr amerikanischen „neutralen Standpunkt". Die Benutzer bestimmen, was „neutral" ist und löschen alles, was nur den Verdacht aufkommen ließe, dass der Autor dagegen verstoßen haben könnte. Und was politisch nicht korrekt ist, kann auch nicht neutral sein. Sie wissen intuitiv, was sie löschen müssen. Sie sind dabei sehr konsequent. Hier kann niemand auf die Regierung schimpfen, weder auf Obama noch auf Merkel. Die Werte lassen keine Bewertung zu. Das ist eben eine zutiefst demokratische und humane Angelegenheit. Human schon deshalb, weil hier endlich die Unterprivilegierten ihre Chance bekommen, aktiv zu werden, kreativ zu sein, auch Fachleute in ihre Schranken zu verweisen, wenn die sich nicht daran halten, „mehrheitsfähige Texte" zu verfassen.

Gruppendenken

Es ist empirisch nicht bewiesen, dass Ergebnisse einer Gruppenarbeit a prori besser sind als die Arbeit eines einzelnen Mitarbeiters. Das ist aber für ein Unternehmen kein Grund, auf Gruppenarbeit, insbesondere auf Projektarbeit zu verzichten. Gerade bei Problemen, bei denen alle oder mehrere Bereiche des Unternehmens betroffen sind, haben Lösungsvorschläge der Gruppe eine psychologische Wirkung. Der Erfolg einer Gruppenarbeit hängt entscheidend von der Auswahl des Projektleiters ab.
Wenn es in einer Gruppe einen starken Zusammenhalt gibt, fühlen sich die Gruppenmitglieder eingebunden und neigen dazu, schnell einen Konsens herzustellen, was eine realistischen Einschätzung des Problems abträglich ist.

Entscheidungsprozess

Was ist richtig für das Unternehmen? Diese Frage garantiert noch keine richtigen Entscheidungen. Selbst der erfolgreiche Manager ist letztlich nur ein Mensch und bleibt deshalb anfällig für Irrtümer und Vorurteile. Stellt er die Frage aber nicht, kann er ziemlich sicher sein, dass er die falsche Entscheidung treffen wird. Gewissheit gibt es nicht, Entscheidungen sind immer mit Risiken verbunden, wie mangelnde Information, fehlendes Know how oder Bewertung einer komplexen Situation. Es wäre allerdings ein Irrtum anzunehmen, dass nur komplizierte und aufwendige Methoden zu guten Entscheidungen führen.

Bei Routineentscheidungen geht es hauptsächlich um die Lösung von Problemen. Um wichtige Entscheidungen handelt es sich dagegen, wenn die Ziele des Unternehmens festgelegt werden und wie, mit welchen Mitteln diese Ziele zu erreichen sind oder wenn wichtige personelle Entscheidungen zu treffen sind, wie zum Beispiel die Nachfolge von Führungskräften der oberen Ebene.

16. Wer wird Führungskraft? Befördere intern (Beispiel)

In mittleren und größeren Unternehmen gilt der Grundsatz: Befördere intern! Die Vorteile liegen auf den Hand. Abgesehen von den Kosten für die Suche und Auswahl der Führungskraft, die man spart, kennt man die in Frage kommenden Kandidaten schon länger. Man weiß, was sie können und was sie zu leisten im Stande sind. Es bleibt die Frage: Trauen wir der „neuen Führungskraft" die verantwortungsvolle Aufgabe zu? Hat die neue Führungskraft auch die notwendigen Führungseigenschaften? Jede Führungskraft der oberen Ebene hat ein Vorschlagsrecht.

Beispiel

Hier ein Beispiel aus der Praxis. Der Personalleiter der Personalabteilung Angestellte geht in Kürze in den Ruhestand und schlägt als Nachfolgerin seine Personalreferentin, Claudia Schweizer, vor. Krause erstellt ein Kompetenz- und Leistungsprofil seiner Kandidatin, begründet seinen Vorschlag und leitet ihn an seinen Chef, den Personaldirektor weiter.

Kompetenz- und Leistungsprofil

Name: Claudia Schweizer

Position: Personalreferentin Angestellte

Eintritt: 1. April 2008 als Trainee

Kompetenz:
- Diplom-Pädagogin
- Ausbildereignungsprüfung
- DGfP-Zertifikat Personalreferentin
- Englisch fließend
- Rhetorische Begabung
- Führungserfahrung
- IT-Kenntnisse: MS-Office, SAP
- Projekterfahrung
- Erfahrung als Ausbilderin

Arbeitsergebnisse:

2010
Konzeption zur Einführung neuer Mitarbeiter erarbeitet und eingeführt

2011
* Projektgruppe „Variable Vergütung Außendienst" geleitet und Entscheidung in Kooperation mit Vertrieb und Betriebsrat umgesetzt.
* Als verantwortlicher Ausbilder für die kaufmännischen Lehrlinge: Neuorganisation der betrieblichen Ausbildung, Einführung von firmeninternen Unterricht, Einbindung der Azubis bei der Unterweisung neuer Mitarbeiter in die SAP-Programme.

2012
* Mitarbeit in der Projektgruppe „Management-Weiterbildung"

2013
* Vorschläge erarbeitet zur Kosteneinsparung im Personalbereich

Weiterbildung

Seminare:
- Das „Allgemeine Gleichbehandlungsgesetz"
- Neueste Rechtsprechung Arbeitsrecht
- Trennungsgespräche professionell führen
- Social Media bei der Personalbeschaffung

Sonstiges

Vorträge im Unternehmen:
* Das variable Vergütungssystem (Außendienst-Tagung)
* Das Ausbildungskonzept für kaufmännische Lehrlinge (Betriebsräteversammlung)

Eignungsbeurteilung

Claudia Schweizer ist am 1. Juli 2008 als Trainee bei unserer Tochtergesellschaft XY eingetreten und hat diese Ausbildung im Dezember 2009 erfolgreich abgeschlossen. Bei dieser Ausbildung hat sie schon großes Interesse an der Personalarbeit gezeigt und in den letzten drei Monaten die Arbeit einer Personalreferentin in Vertretung eines erkrankten Kollegen übernommen.

Frau Schweizer arbeitet jetzt seit vier Jahren sehr erfolgreich in ihrer Funktion als Personalreferentin. In ihrem „Kompetenz- und Leistungsprofil" ist dokumentiert, dass es sich um einen sehr rührige Mitarbeiterin handelt, die Ideen hat, Konzepte erarbeitet und umsetzt.

Frau Schweizer ist ehrgeizig und mit Begeisterung bei der Sache. Sie unterstützt ihre Mitarbeiter bei ihrer Arbeit und fördert ihre berufliche Entwicklung. Es herrscht ein gutes Arbeitsklima. Frau Schweizer besitzt das Vertrauen ihrer Mitarbeiter.

Frau Schweizer ist sehr kooperativ, arbeitet in Projektgruppen mit und hat es geschafft, auch den Betriebsrat in die Projektarbeit einzubinden. Die Zusammenarbeit ist trotz der Interessengegensätze entspannt und verläuft ohne Reibungsverluste.

Bei ihren Vorträgen, die sie bisher vor Betriebsräten und Führungskräften gehalten hat, fiel ihre rhetorische Begabung auf. Sie kann sehr komplizierte Sachverhalte verständlich und anschaulich darstellen.

Frau Schweizer ist seit drei Jahren die verantwortliche Ausbilderin für unsere kaufmännischen Lehrlinge. Sie besitzt pädagogisches Geschick, vor allem beim zsätzlichen betrieblichen Unterricht.

Nach meiner Einschätzung ist Frau Schweizer für die Position „Leiterin Personalabteilung Angestellte" hervorragend geeignet.

München den ....   Kurt Krause
                                                    Leiter Personalabteilung Angestellte

Entscheidung

Der Personaldirektor stellt diesen Vorschlag bei einer Besprechung mit seinem Stab und den Personalleitern zur Diskussion. Seine Mitarbeiter wissen, dass er vor solchen Entscheidungen die advocatus-diaboli-Methode anwendet, die als Ritual vom römischen Klerus vor Selig- und Heiligsprechungen praktiziert wird. Zunächst legt jemand alles dar, was gegen die Kandidatin spricht. Diese Position als „Anwalt des Teufels" vertritt der Leiter der Personalentwicklung. Er gibt zu bedenken, dass Frau Schweizer noch sehr jung sei und deshalb über wenig Berufs- und Lebenserfahrung verfüge. Sein Stellvertreter, Herr Schulze, sei bereits zehn Jahre im Unternehmen und habe sowohl Erfahrung als Personalreferent als auch als Personalentwickler. Schulze sei ein erfahrener und tüchtige Personalfachmann, der eine Chance vedient habe.

Der Befürworter (advocatus angeli), Personalleiter Krause, trägt im wesentlichen vor, was er in seiner Eignungsbeurteilung über Schweizer geschrieben hat und hebt die menschlichen Qualitäten von Frau Schweizer hervor. Sie sei für die Position deshalb besonders geeignet, weil sie mit ihrer offenen und sympathischen Art, Menschen für sich einnehmen könne. Sie sei absolut loyal und charakterlich untadelig. Außerdem habe sie bisher bewiesen, dass sie gut mit Mitarbeitern umgehen könne, auch neue Wege einschlage und ihre Ideen und ihre Umsetzung mit Ausdauer und Durchsetzungsvermögen betreibe.

In der Runde der Personalleiter unter Vorsitz des Personaldirektors wurde Einvernehmen erzielt, Frau Schweizer zur Leiterin der Personalabteilung Angestellte zu ernennen.

Kapitel IV: Trennung: Kündigung, Unterstützung beim Neuanfang

17. Kündigungsrecht – Was Führungskräfte wissen sollten

Schriftform
Kündigung und Kündigungsschutz
Ordentliche Kündigung
Ultima Ratio
Kündigungsverbot
Anhörung des Betriebsrats
Zugang der Kündigung
Kündigung aus wichtigem Grund
Personen- und verhaltensbedingte Gründe
Betriebsbedingte Gründe
Alternativen statt Personalreduzierung (Beispiel)
Soziale Auswahl
Interessenausgleich, Nachteilausgleich, Sozialplan

18. Das Kündigungsgespräch

Die Angst der Führungskraft vor dem Kündigungsgespräch
Das Selbstbild
Verantwortung
Wenn es den Chef selbst trifft
Wer führt das Kündigungsgespräch?
Gesprächskonzept, Gesprächseinstieg
Umgang mit emotionalen Reaktionen
Es gibt kein Patentrezept
Positiver Gesprächsabschluss?

19. Unterstützung beim Neuanfang

Karriere- und Outplacementberatung

17. Kündigungsrecht – Was Führungskräfte wissen sollten

Schriftform

Bei Kündigungen ist die Schriftform nach § 623 BGB zwingend vorgeschrieben:

Die Beendigung von Arbeitsverhältnissen durch Kündigung oder Auflösungsvertrag sowie die Befristung bedürfen zu ihrer Wirksamkeit der Schriftform.

Die Schriftform gilt sowohl für Arbeitgeber als auch für Arbeitnehmerkündigungen. Eine E-Mail, ein Fax oder ein Telegramm genügt nicht, weil für die Gültigkeit die eigenhändige Unterschrift eines Bevollmächtigten notwendig ist.

Kündigung und Kündigungsschutz

Kündigung heißt: Ein Vertragspartner löst einseitig auf. Die Kündigung eines Arbeitnehmers muss der Arbeitgeber hinnehmen. Vorausgesetzt natürlich, dass die Kündigungsfrist eingehalten wird. Die einseitige Auflösung - auch von Seiten der Firma - gehört zur Vertragsfreiheit. Da aber ein Arbeitnehmer der wirtschaftlich schwächere Vertragspartner ist, hat der Gesetzgeber dem Arbeitgeber Auflagen gemacht. Das Gesetz verlangt vom Arbeitgeber, dass er formale Bedingungen erfüllt (Anhörung des Betriebsrats, Schriftform) und eine Rechtfertigung für seine Kündigung hat. Die Kündigung selbst wird dadurch nicht verhindert. Auch wenn der Betriebsrat einer ordentlichen Kündigung widerspricht, bleibt sie wirksam. Das gilt auch für den Kündigungsgrund. Der Arbeitnehmer hat allerdings die Möglichkeit, die Rechtfertigungsgründe durch das Arbeitsgericht überprüfen zu lassen. Bei einer außerordentlichen Kündigung (wichtiger Grund nach § 626 BGB, wie z.B. Unterschlagung) kann der Betriebsrat lediglich seine Meinung dazu sagen und „Bedenken" äußern. Eine rechtliche Wirkung hat das nicht.

Ordentliche Kündigung

Mit „ordentlich" ist die fristgemäße Kündigung von befristeten und unbefristeten Arbeitsverträgen gemeint. Ein Arbeitgeber kann nicht willkürlich und auch nicht ohne

Grund kündigen. Hierzulande gilt nicht das Hire-und-Fire-Prinzip. Wir haben ein Kündigungsschutzgesetz. Dort heißt es in § 1, Absatz I:

Die Kündigung des Arbeitsverhältnisses gegenüber einem Arbeitnehmer, dessen Arbeitsverhältnis in demselben Betrieb oder Unternehmen ohne Unterbrechung länger als 6 Monate bestanden hat, ist unwirksam, wenn sie sozial ungerechtfertigt ist.

In den ersten sechs Monaten besteht kein Kündigungsschutz. Nach der Wartezeit von sechs Monaten muss die Kündigung „sozial gerechtfertigt" sein. Eine Kündigung ist u.a. „sozial ungerechtfertigt", so steht es im Kündigungsschutzgesetz, wenn soziale Gesichtspunkte nicht oder nicht ausreichend berücksichtigt worden sind.

Ultima Ratio

Das Kündigungsschutzgesetz geht vom Ultima-Ratio-Prinzip aus, d.h. die Kündigung ist das letzte Mittel. Eine ordentliche Kündigung ist unwirksam, wenn

1. keine personen-, verhaltens- oder betriebsbedingte Gründe vorliegen,
2. eine Weiterbeschäftigung auf einem anderen Arbeitsplatz möglich ist,
3. keine Sozialauswahl vorgenommen worden ist. Schwerbehinderung, Alter, Betriebzugehörigkeit, Unterhaltsverpflichtungen sind dabei zu berücksichtigen.

Kündigungsverbot

Eine ordentliche Kündigung ist in folgenden Fällen ausgeschlossen bei

- Betriebsräten und Schwerbehindertenvertreter
- Wahlvorständen (z.B. Betriebsratswahlen)
- Schwangeren bis zu vier Monaten nach der Entbindung
- Frauen und Männern im Erziehungsurlaub
- Schwerbehinderten (nur dann möglich, wenn das Integrationsamt zugestimmt hat)
- Abgeordneten.

Der Gesetzgeber hat der unternehmerischen Freiheit durch das Kündigungsschutzgesetz Grenzen gesetzt. Hierzulande haben Arbeitnehmer bei Verlust des Arbeitsplatzes unter bestimmten Voraussetzungen (z. B. Massenentlassung) Anspruch auf Zahlung einer Abfindung nach Sozialplan.

Der betriebliche Grund, der eine Kündigung rechtfertigt, muss „dringend" sein. So steht es im Kündigungsschutzgesetz. Der Gesetzgeber sagt „dringend", meint aber „zwingend", das heißt es dürfen keine Alternativen bestehen, die Auswirkungen mildern könnten, wie etwa den Abbau von Überstunden. Der Arbeitgeber darf nur dann kündigen - und die Kündigung ist nur dann „sozial gerechtfertigt" -, wenn der Arbeitnehmer nicht auf einem anderen Arbeitsplatz weiterbeschäftigt werden kann. Das bezieht sich auf freie Arbeitsplätze.

Anhörung des Betriebsrats

Der Arbeitgeber muss vor Ausspruch jeder Kündigung, ob fristlos oder fristgerecht, den Betriebsrat anhören (§ 102 BetrVG), mündlich oder schriftlich. Die Darlegungs- und Beweispflicht für eine ordnungsgemäße Anhörung des Betriebsrats trägt immer der Arbeitgeber, deshalb ist eine schriftliche Information empfehlenswert. Der Arbeitgeber hat den Betriebsrat über jede beabsichtigte Kündigung zu unterrichten:

- Wem soll gekündigt werden?
- Kündigungsgründe (personen-, verhaltens- oder betriebsbedingte)
- Kündigungsart: ordentliche, außerordentliche, fristlos
- Sozialdaten (Unterhaltsverpflichtungen)
- Zeitpunkt

Zu einer ordentlichen Anhörung des Betriebsrats gehört auch, dass der Arbeitgeber dem Betriebsrat Informationen darüber gibt, wie er die soziale Auswahl vorgenommen hat.
Der Betriebsrat kann sich bei ordentlichen Kündigungen innerhalb von sieben Tagen, bei außerordentlichen Kündigungen innerhalb von drei Tagen dazu äußern oder auch nicht. Schweigen (nach Ablauf der Anhörungsfrist) gilt als Zustimmung. Er kann auch vor Ablauf der Frist erklären, dass er sich zu der Kündigungsabsicht nicht äu-

ßern wird. Wenn der Betriebsrat sich äußern will, muss er dies innerhalb der Frist tun. Eine Verkürzung der Frist ist auch in Eilfällen nicht zulässig.

Eine Zustimmung des Betriebsrats ist weder bei außerordentlichen noch bei ordentlichen Kündigungen erforderlich, mit einer Ausnahme: Bei Kündigungen von Betriebsräten (Achtung! Besonderer Kündigungsschutz) ist die Zustimmung des Betriebsrats (Gremium) gesetzlich vorgeschrieben.

Zugang der Kündigung

Eine Kündigung ist erst dann wirksam, wenn sie zugegangen ist. Das gilt übrigens bei allen Verträgen. Unter Abwesenden ist die Kündigung dann zugegangen, wenn sie in den Machtbereich des Arbeitnehmers gelangt und er davon Kenntnis nehmen konnte. Unter Anwesenden ist das einfacher: Sie wird persönlich ausgehändigt. Eine Empfangsbestätigung ist nicht erforderlich.
Es kommt gelegentlich vor, dass ein Arbeitnehmer die Annahme der Kündigung verweigert, also das Kündigungsschreiben nicht annimmt. Da es sich bei einer Kündigung um eine „einseitige Willenserklärung" handelt, ist sie trotzdem zugegangen. Der Arbeitgeber vermerkt dann den Zeitpunkt der Aushändigung auf der Kopie des Kündigungsschreibens.

Was ist, wenn der Arbeitgeber die Kündigung mit der Post schickt? Schickt die Firma das Kündigungsschreiben als „gewöhnlichen Brief", hat sie keinen Nachweis, dass die Kündigung zugegangen ist. Bestreitet der Mitarbeiter den Zugang, muss der Arbeitgeber den Beweis antreten, dass die Kündigung zugegangen ist, was er bei einem gewöhnlichen Brief nicht kann. Schickt die Firma die Kündigung per Einschreiben, ist sie dann zugegangen, wenn der Arbeitnehmer den Einschreibebrief tatsächlich erhalten hat. Etwas anderes gilt, wenn die Firma einen Boten schickt, der das Kündigungsschreiben in den Briefkasten wirft. Damit ist die Kündigung zugegangen. Das gilt auch dann, wenn der Arbeitnehmer Urlaub hat und verreist ist. Die Kündigung ist auch dann zugegangen, wenn der Bote die Kündigung dem Zimmervermieter oder einem Familienangehörigen aushändigt.

Warum ist der Zugang der Kündigung so wichtig? Eine Kündigung, die nicht zugegangen ist, ist unwirksam. Das bedeutet, dass das Arbeitsverhältnis weiterhin besteht und Lohn gezahlt werden muss. Außerdem kann sich der Kündigungstermin verschieben, weil die Kündigungsfrist nicht eingehalten wird.

Kündigung aus wichtigem Grund

Wenn das Unternehmen einen „wichtigen Grund" hat, sich von einem Mitarbeiter zu trennen, wie Diebstahl oder Arbeitsverweigerung wird es eine Anhörung geben, aber kein Kündigungsgespräch. Wenn es zur fristlosen Kündigung kommt, hat man sich nichts mehr zu sagen.

Personen- und verhaltensbedingte Gründe

Kommt es zur fristgemäßen Kündigung aus Gründen, die in der Person liegen (z.B. fehlende Eignung) oder im Verhalten (z.B häufiges Bummeln, eigenmächtiger Urlaubsantritt), kommt es zu einem Kündigungsgespräch, bei dem die Gründe erläutert werden. In solchen Fällen liegt eine Schuldzuweisung vor. Das Unternehmen, vertreten durch die Führungskraft, muss die Entscheidung nicht rechtfertigen, sondern nur begründen.

Betriebsbedingte Kündigungsgründe

Auslöser betriebsbedingter Kündigungen ist eine unternehmerische Entscheidung, wie zum Beispiel:

- Verlagerung der Produktion in ein Billiglohnland
- Insolvenz
- Einstellen der Produktion
- Personalabbau aus Kostengründen

In einer markwirtschaftlich orientierten Wirtschaftsordnung ist ein Unternehmer grundsätzlich frei in seiner Entscheidung, Kapital und Arbeitskräfte so rationell wie möglich einzusetzen. Der Gesetzgeber hat der unternehmerischen Freiheit durch das Kündigungsschutzgesetz Grenzen gesetzt. Der Arbeitgeber muss soziale Gesichtspunkte beachten (Alter, Betriebszugehörigkeit, Unterhaltsverpflichtungen, Schwerbehinderung); bei Massenentlassungen muss er außerdem mit dem Betriebsrat über einen Sozialplan verhandeln, bei dem es um Abfindungen für den Verlust des Arbeitsplatzes geht, aber auch um Unterstützung bei der Stellensuche.

Nach deutschem Arbeitsrecht sind Kündigungen immer das letzte Mittel, die Ultima Ratio. Ein Arbeitgeber muss prüfen, ob eine Weiterbeschäftigung auf einem anderen Arbeitsplatz und in einem anderen Betrieb des Unternehmens möglich ist.

Firmen haben auch die Möglichkeit, sich von Arbeitnehmern auf freiwilliger Basis per Aufhebungsvertrag in Verbindung mit Abfindungen zu trennen.

Alternativen zur Personalreduzierung

Bevor es zu der Entscheidung kommt, Mitarbeiter zu entlassen, sollte das Unternehmen unter Einbeziehung des Betriebsrats überlegen, ob es Alternativen zur unternehmerischen Entscheidung gibt, das Personal zu reduzieren.

Beispiel

Die Firma X mit 2000 Mitarbeitern, hat bei einem Kostensenkungs-Projekt festgestellt, dass neben den Sachkosten auch die Personalkosten gesenkt werden müssen. Dies würde bedeuten, 25% der Stellen zu streichen. Eine schwierige Aufgabe, wenn man bedenkt, dass ein Teil der Belegschaft, ca. 400 Mitarbeiter, unter besonderem Kündigungsschutz stehen (Gesetz, Tarifvertrag), d.h. ohne Zustimmung der betroffenen Mitarbeiter ist eine ordentliche Kündigung ausgeschlossen. Ein Sozialplan würde die Zahl noch erhöhen, weil die Firma Mitarbeitern kündigten, die noch in der Probezeit sind oder nach der Ausbildung gerade übernommen wurden: Junge, qualifizierte und tüchtige Mitarbeiter. Diese Kündigungen würden dazu führen, dass die Produktivität des Unternehmens sinkt.

In Abstimmung mit dem Betriebsrat hat das Unternehmen entschieden, auf betriebsbedingte Kündigungen zu verzichten, auch deshalb, weil sich diese vielen Kündigungen negativ auf die Arbeitsleistung der verbleibenden Mitarbeiter ausgewirkt hätte.

Nach den Kriterien der sozialen Auswahl hätte die Firma viele jüngere, talentierte und qualifizierte Mitarbeiter entlassen müssen. Neben den Kosten für die Abfindungen nach dem Sozialplan wären der Firma später auch noch Kosten für die Wiederbeschaffung qualifizierter Mitarbeiter entstanden. Darunter wären auch Mitarbeiter gewesen, die kurzfristig nicht hätten ersetzt werden können. Hier schlagen mittelfristig auch noch Kosten für Aus- und Weiterbildung zu Buche.

Die Firma hat eine Risikoabwägung vorgenommen und in Absprache mit dem Betriebsrat eine Lösung gefunden und folgende Mittel eingesetzt:

- Aufhebungsverträge
- Neugestaltung sozialer Leistungen
- Interne Versetzungen
- Ausnutzen der Fluktuation.

Soziale Auswahl

Das Kündigungsschutzgesetz (§ 1 Absatz 3) schreibt vor, dass bei der Auswahl der zu Kündigenden „soziale Gesichtspunkte" zu beachten sind. Beachtet der Arbeitgeber sie nicht, ist die Kündigung unwirksam.

Die soziale Auswahl wird in drei Schritten geprüft:

- Wer ist in die soziale Auswahl einzubeziehen? (Personenkreis)
- Welche Sozialdaten sind zu berücksichtigen, und wie werden sie gewichtet?
- Welche Arbeitnehmer sind aus betrieblichen Bedürfnissen für den Betrieb notwendig und deshalb nicht zu berücksichtigen?

Bei der sozialen Auswahl gilt der Grundsatz, dass unter mehreren Arbeitnehmern derjenige zu entlassen ist, der am wenigsten schutzbedürftig ist. In jedem Fall ist zu berücksichtigen:

* Betriebszugehörigkeit,
* Lebensalter
* Unterhaltsverpflichtungen
* Schwerbehinderung

Interessenausgleich, Nachteilausgleich, Sozialplan

Interessenausgleich

Bei Betriebsänderungen prallen die Interessen des Unternehmens und die der Beschäftigten aufeinander. Arbeitgeber wollen rationalisieren, Kosten senken, Personal abbauen, um den Fortbestand des Unternehmens zu sichern. Die Beschäftigten wollen ihre Arbeitsplätze erhalten, ihr Einkommen und die Arbeitsbedingungen sichern.

Einen Interessenausgleich zwischen Betriebsrat und Unternehmensleitung zu erzielen bedeutet, eine Einigung darüber zu erreichen, in welcher Form und welchem Umfang die Betriebsänderung durchgeführt werden soll. Es geht um das Procedere und die Modalitäten.

Ein Interessenausgleich ist im Gegensatz zum Sozialplan nicht erzwingbar. Ein Unternehmer muss keinen Interessenausgleich mit dem Betriebrat abschließen. Aber er ist verpflichtet, den ernsthaften Versuch zu unternehmen. Die entscheidende Frage für den Unternehmer lautet demnach: Wann ist der Versuch eines Interessenausgleichs durchgeführt? Kommt es zu keiner Einigung, können Unternehmer oder Betriebsrat die Einigungsstelle anrufen (Initiativrecht). Gelingt keine gütliche Einigung, darf die Einigungsstelle keine Entscheidung treffen. Zu diesem Zeitpunkt ist das Verfahren abgeschlossen.

Kommt es zu einer Einigung über den Interessenausgleich ist sie schriftlich abzuschließen.

Nachteilsausgleich

Weicht der Arbeitgeber ohne zwingenden Grund vom vereinbarten Interessenausgleich ab, haben die Arbeitnehmer einen gesetzlichen Abfindungsanspruch nach § 10 Kündigungsschutzgesetz. Danach kann das Arbeitsgericht bis zu 18 Bruttomonatsgehälter als Abfindung festsetzen.

Ein Abweichen vom Interessenausgleich liegt auch vor, wenn der Arbeitgeber die Betriebsänderung durchführt, ohne einen Interessenausgleich versucht zu haben.

Sozialplan

Der Sozialplan dient dem Ausgleich oder der Milderung, die infolge einer Betriebsänderung eintreten können. Voraussetzung ist eine starke Personalreduzierung oder Massenentlassung, je nach Beschäftigtenzahl zwischen 5% und 20% der Belegschaft (§ 112a BetrVG).

Der Sozialplan ist vom Betriebsrat erzwingbar, d.h. kommt keine Einigung zwischen Betriebsrat und Unternehmensleitung zustande, entscheidet die Einigungsstelle verbindlich. Bei neugegründeten Betrieben kann innerhalb der ersten vier Jahre kein Sozialplan erzwungen werden.

Bei den meisten Sozialplänen geht es um Abfindungen, aber auch um Unterstützung bei der beruflichen Neuorientierung. Betriebsrat und Unternehmensleitung haben bei der Frage, wer wie viel Abfindung bekommt, den Gleichbehandlungsgrundsatz zu beachten. Einzelne Gruppen dürfen ohne sachlichen Grund nicht schlechter gestellt werden. Für die Höhe der Abfindungen gibt es keine gesetzlichen Höchstgrenzen. Beim Gesamtvolumen ist die Finanzkraft des Unternehmens zu berücksichtigen.

Wenn große Unternehmen ihren Betrieb stilllegen oder die gesamte Produktion in ein Billiglohnland verlegen, sind häufig tausende Arbeitsplätze betroffen. Es schalten sich dann die Gewerkschaften ein, um einen Sozial-Tarifvertrag abzuschließen, bei dem es nicht mehr nur um Abfindungen geht, sondern auch um berufliche Weiterbildung in Beschäftigungsgesellschaften und um Unterstützung bei der Stellensuche oder um Hilfen auf dem Weg in die Selbstständigkeit.

Kündigung oder Aufhebungsvertrag?

Unternehmen haben auch die Möglichkeit, sich von Arbeitnehmern auf freiwilliger Basis per Aufhebungsvertrag in Verbindung mit attraktiven Abfindungen zu trennen.
Bei einer Massenentlassung kann man heute davon ausgehen, dass die Trennung „sozialverträglich" gestaltet wird. Neben Abfindungen werden Weiterbildungsangebote und die Unterstützung bei der Stellensuche (Bewerbertraining, Unterstützung durch private Arbeitsvermittler, Karriere- oder Outplacementberater) eine Rolle spielen. Die Kosten trägt der Arbeitgeber.

18. Das Kündigungsgespräch

Ein Kündigungsgespräch hat zunächst den Zweck, dass die Führungskraft dem betroffenen Mitarbeiter die Rechtfertigungsgründe nennt. Das Ziel ist Schadensbegrenzung. Die Führungskraft hat die Aufgabe, die Sache nicht schlimmer zu machen als sie ohnehin schon ist und einen Scherbenhaufen zu vermeiden. Zustimmung kann es in dieser Situation nicht geben. Es wäre unrealistisch, wenn eine Führungskraft die Absicht verfolgte, ein Kündigungsgespräch positiv beenden zu wollen oder gar das ehrgeizige Ziel hätte, dem Mitarbeiter die Angst vor der Zukunft zu nehmen oder zu besänftigen: „So schlimm wird es schon nicht werden..."

Die Angst der Führungskraft vor dem Kündigungsgespräch

Angst ist ein Gefühl. Angst ist nichts Negatives. Sie gehört zum Menschen, zum Leben.

Führungskräfte haben Angst vor schwierigen Gesprächen, vor Kündigungsgesprächen besonders. Sie befürchten, mit der Situation nicht souverän genug umzugehen, auf Emotionen nicht angemessen reagieren zu können. Sie fragen sich: Wie reagiere ich, wenn der Mitarbeiter mir den Vorwurf macht, ich hätte versagt? Sie fühlen sich nicht wohl in ihrer Haut, weil sich alles auf der Gefühlsebene abspielt. Sie fühlen sich unsicher, weil sie nicht alles im Griff haben, was sich in einem Kündigungsgespräch abspielen könnte. Sie können es nicht steuern. Das macht sie hilflos.

Das Selbstbild

Trennung hat etwas Endgültiges. Der kleine Tod. Das Ende der Beziehung. Kein Konsens, kein Kompromiss, keine Harmonie, keine positive Lösung. Wir sprechen von Selbstbild, Selbstkonzept oder Identität und meinen immer dasselbe: Wer bin ich? Es ist die Geschichte, die wir uns selbst erzählen.

Chefs haben ein positives Bild von sich selbst, die meisten jedenfalls. Die Selbstbewussten halten sich für kompetent, sympathisch, kommunikativ, erfolgreich, kurz: für Sieger. Manche denken auch noch positiv: Friede, Freude, Eierkuchen. Naiver Optimismus: Es ist doch bisher immer gut gegangen. Auch ein Kündigungsgespräch muss doch nicht traurig enden: „Sehen Sie das Ganze positiv! Eine Kündigung ist doch eine Chance für Sie, zu neuen Ufern aufzubrechen."

Mit dieser Einstellung, mit diesem „heilen Selbstbild" könnte die Identität ins Wanken geraten. Trennung bedeutet für die Betroffenen nichts Positives. Es gibt zunächst keine Lösung für dieses Problem, die Vorteile für den Mitarbeiter brächte. Die Identität des Chefs ist durch die Trennungssituation immer gefährdet, denn er ist der Überbringer der schlechten Nachricht. Die Reaktion des Mitarbeiters könnte ihn ganz schnell aus dem Gleichgewicht bringen. Was soll er tun, wenn der Mitarbeiter ihm „unangenehme Wahrheiten" sagt:

- Ich habe es immer geahnt, jetzt weiß ich es: Sie mögen mich nicht!

- Sie wissen, dass ich nie viel von Ihren Chef-Qualitäten gehalten habe. Das ist die Quittung.

- Das Management hat Fehler gemacht. Und Sie haben das zu verantworten.

- Ich bin enttäuscht. Vor zwei Monaten haben Sie mir im Jahresgespräch gesagt, wie tüchtig ich sei und dass Sie noch viel mit mir vorhätten. Und jetzt das!

Solche Äußerungen sind Anschläge auf das Selbstwertgefühl. Es verletzt uns tief, wenn wir abgewiesen und nicht akzeptiert werden. Das ist auch bei Führungskräften nicht anders.

Auch gute Manager können eine Trennungssituation nicht ins Positive verkehren. Sie müssen einen Weg finden, wie sie mit der Lage fertig werden. Wer von sich annimmt, er sei der Größte, mache keine Fehler und sei jeder Situation gewachsen, wird Probleme haben. Man kann nicht in jeder Situation glänzen und als Sieger hervorgehen. Wer weiß schon in schwierigen Situationen immer so genau, was richtig ist. Wir reagieren nicht immer so klug und einfühlsam, wie wir es gerne möchten. Niemand kann aus seiner Haut. Manchmal sind wir hilflos, sagen nicht besonders kluge Sachen. Oder es wäre besser gewesen, wir hätten geschwiegen.

Verantwortung

Die Führungskraft hat Rücksicht zu nehmen auf die Gefühle der Mitarbeiter. Sie haben ein Recht, Gefühle zu haben und ihre Gefühle zu zeigen. Ein Vorgesetzter ist dafür verantwortlich, dass alles redlich abläuft: Welche Zusagen darf ich machen, die das Unternehmen auch halten kann?
Als Repräsentant des Unternehmens ist die Führungskraft auch mitverantwortlich für die Situation, für die Entscheidung, dass Mitarbeiter entlassen werden. Nicht verantwortlich ist die Führungskraft für das Leben, das Schicksal der Mitarbeiter. Was nicht heißt, dass dem Chef die Folgen der Trennung nichts angehen. Doch er muss kein schlechtes Gewissen, keine Schuldgefühle haben.

Wenn es den Chef selbst trifft

Der Schweizer Regisseur Volker Hesse hat 1996 das Theaterstück „Top Dogs" von Urs Widmer in Zürich inszeniert. Top-Manager, die gerade gefeuert worden sind, kommen in einer Agentur für Outplacemenberatung zusammen. In dem Stück wird deutlich, wie die Manager in den gutbezahlten Jobs aus der Fassung geraten, wie sie ihr Gleichgewicht verlieren, weil sie plötzlich nicht mehr wichtig sind, nicht mehr gebraucht werden. Die Erschütterung des Selbstwertgefühls ist vielleicht größer als bei anderen Mitarbeitern, aber es ist bei allen Gefeuerten vorhanden. Gefühle sind erlaubt. Mehr noch:

Gefühle werden in der Welt des Business inzwischen hoch gewichtet. Vorbei sind die Zeiten, da der eiskalte Manager sich mit Handkantenschlägen durchgesetzt hat, Kleinholz hinterlassend, Leichen zuweilen...Der >Emotional Quotient< ist dennoch fast wichtiger als der gute alte Intelligenzquotient geworden. Ein guter Manager soll den Ball, der Leben heißt mit präzisem Gefühl treten (Hesse/Müller: Top Dogs, Theater Neumarkt Zürich 1997).

Bei Managern ist die Trennung ein emotionaler Kraftakt. Sie deuten ihren Rausschmiss als Verhandlungserfolg um, als Sieg. Sie erzählen in diesem Theaterstück (und vielleicht auch in der Realität) von ihrer Trennung als hätten sie ein kompliziertes Problem gelöst. Alle versuchten, die Deutung des Rauswurfes, ihre Ängste herunterzuspielen, klein zu halten, obwohl es für alle ein Trauma war. Wer eine neue Stelle gefunden hat, vergisst alles, auf der Stelle. Er ist wieder der Alte.

Wer führt das Kündigungsgespräch?

Wer soll das Kündigungsgespräch führen? Der Personalchef? Nein. Das Kündigungsgespräch sollte der Vorgesetzte führen, der die Personalverantwortung hat, der auch sonst die Beurteilungs-, Jahres- und Gehaltsgespräche führt. Der Vorgesetzte kennt den Mitarbeiter, oft auch die persönlichen Verhältnisse und hat im günstigen Fall auch eine befriedigende Beziehung zum betroffenen Mitarbeiter. Das erste Gespräch sollte der Vorgesetzte alleine führen, ohne den Personalchef oder den Geschäftsführer. Damit wird auch dokumentiert, dass er die Entscheidung mitträgt.

Bietet das Unternehmen dem Mitarbeiter eine einvernehmliche Trennung an, wird in einem zweiten Gespräch über die Konditionen (Abfindung, Freistellung von der Arbeit, Outplacementberatung) geredet. Bei diesem Gespräch wird auch der Personalleiter oder Geschäftsführer dabei sein.

Gesprächskonzept

Die Einstimmung auf ein Kündigungsgespräch mit einem Gesprächskonzept bedeutet nicht, dass es zu einer befriedigenden Lösung für beide Seiten kommen muss. Mit einem Gesprächskonzept soll das Verhalten des Mitarbeiters nicht gesteuert werden. Es dient dem Vorgesetzten dazu, seine Angst zu mildern, sich zu beruhigen und sich selbst zu schützen vor der eigenen Hilflosigkeit. Wie sage ich es meinem Mitarbeiter, lautet die Frage. Es ist kein Zeichen von Schwäche, sich die ersten Sätze aufzuschreiben und sich in Gedanken darauf einzustellen, wie man reagieren soll, wenn zum Beispiel ein Mitarbeiter oder eine Mitarbeiterin anfängt zu weinen.

Eine wirksame Methode, sich auf das Gespräch einzustimmen ist die Visualisierung. Spitzensportler bereiten sich durch mentales Training auf die Wettkämpfe vor. Dazu gehört auch die „Visualisierung". Das muss man sich als eine Art Kopfkino vorstellen. Vor dem inneren Auge läuft ein Film ab über das eigene Verhalten in einer konkreten Situation. Auf das Kündigungsgespräch bezogen heißt das: Ich stelle mir vor, wie ich als Führungskraft den Mitarbeiter begrüße und ihm die ersten Sätze der „Trennungsbotschaft" mitteile. Dann stelle ich mir vor, wie er darauf reagieren, was er wohl sagen wird.

Bei der Einstimmung auf die Visualisierung stellen Sie sich nicht nur vor, wie Sie auf verbale Äußerungen reagieren wollen, sondern auch auf nonverbale Signale, wie etwa weinen. Sie stellen sich auf den Redefluss ein, aber auch das Zuhören. Sie sind ein aufmerksamer, einfühlsamer Zuhörer und lassen den Mitarbeiter ausreden. Schweigen ist manchmal die richtige Reaktion. Empathie bedeutet, dass Sie wahrnehmen, wie sich der Mitarbeiter fühlt, wenn er die Nachricht hört, dass er gerade seinen Job verloren hat.

Beispiel: Gesprächseinstieg

Stellen wir uns folgende Situation vor: Sie sind Leiter der Exportabteilung. Die Exporte nach ... (Land) mussten aus politischen Gründen eingestellt werden. Eine Änderung der Lage ist nicht absehbar. Durch den Auftragsrückgang fallen drei Arbeitsplätze weg. Eine der drei betroffenen Mitarbeiterinnen konnte in eine andere Abteilung versetzt werden, den anderen beiden soll betriebsbedingt gekündigt werden.

Sie haben Frau Konrad zu einem Vier-Augen-Gespräch gebeten:

Sie wissen, dass wir unsere Produkte nicht mehr nach xxx verkaufen können. Wir haben uns bemüht, eine Ersatzlösung zu finden. Bisher leider vergeblich. Wir müssen deshalb zwei Mitarbeiterinnen entlassen, eine davon sind Sie. Ich bedaure das sehr, aber ich sehe keine andere Lösung (überreicht ihr die schriftliche Kündigung).

Das sind fünf kurze Sätze als Gesprächseröffnung. Reicht das? Sollte man nicht doch erst ein wenig Small Talk machen? Wie geht es zu Hause? Wie machen sich die Kinder in der Schule? Nein. Das wäre der Situation nicht angemessen.

Oder sollte man als Vorgesetzter zunächst etwas weiter ausholen, bevor man zur Sache kommt: Die Zeiten sind schwer, die Geschäfte gehen schlecht, die Kosten steigen. Das Gesetz des Handelns zwingt uns, Konsequenzen zu ziehen.

Nein. Reden Sie nicht um den heißen Brei herum, kommen Sie direkt zur Sache und warten Sie nach den ersten Sätzen, mit denen sie die Trennungsbotschaft übermitteln, die Reaktion der Mitarbeiterin ab. Also nicht sofort über die Modalitäten der Trennung sprechen und über eine Abfindung. Das kommt erst im zweiten Gespräch.

Wie könnte die Mitarbeiterin reagieren? Wie verhalten sie sich, wenn Sie anfängt zu weinen? Stehen Sie auf, streichen Sie ihr übers Haar und sagen voller Mitleid: Wenn es der Firma wieder besser geht, sind Sie die erste, die wir wieder einstellen? Oder: „Beruhigen Sie sich: Das letzte Wort ist noch nicht gesprochen. Ich werde noch einmal mit der Geschäftsleitung sprechen, ob es nicht doch noch eine Möglichkeit gibt, Sie zu behalten."

Beides wäre ein Fehler. Sie machen ihr Hoffnungen, die sich wahrscheinlich nie erfüllen werden. Das können Sie als ihr Chef nicht verantworten. Das wäre unredlich und gegenüber der Firma nicht loyal. Die Entscheidung der Firma ist gefallen, sie ist eindeutig.

Umgang mit emotionalen Reaktionen

Wie wollen Sie reagieren, wenn Frau Konrad ganz erschrocken sagt: Warum ich? Sind Sie mit meiner Arbeit nicht mehr zufrieden?

Wie soll man als Vorgesetzter reagieren? Gefühle zeigen oder cool bleiben? Macht Mitgefühl die Sache nicht noch schlimmer? Es gibt kein Patentrezept. In einem solchen Gespräch werden Gefühle ausgelöst, nicht nur bei der Mitarbeiterin. Auch Chefs haben Gefühle und dürfen Sie ausdrücken, wenn ihnen danach ist:
Weinen Sie ruhig, wenn Ihnen danach zu Mute ist. Sie müssen sich Ihrer Tränen nicht schämen. Ich kann Sie verstehen.

Auch ein Vorgesetzter muss sich seiner Gefühle nicht schämen. Empathie zu zeigen ist keine Schwäche, im Gegenteil. Nur ehrlich muss es gemeint sein:

Ich stelle mir vor, wie es sich anfühlt, in Ihrer Haut zu stecken. Wenn Sie über Ihre Gefühle sprechen wollen, ich höre Ihnen gerne zu.

Es gibt Mitarbeiter, die wollen Ihr Mitgefühl nicht. Sie reagieren kühl und scheinbar unbeteiligt. Das ist ihr Panzer, sie schützen sich und lassen ihre Gefühle nicht heraus. Wenn das so ist, sollte man als Vorgesetzter auch nicht über Gefühle sprechen. Ein Vorgesetzter ist kein Therapeut. Selbst wenn Ihnen das Verhalten neurotisch oder autistisch vorkommt, sollten sie es nicht kommentieren: *Offenbar lässt sie das kalt!*

Manche Mitarbeiter tun auch bei einem Kündigungsgespräch so, als sei alles in Ordnung und für sie kein Problem. Manche (es sind wenige) werden wütend und lassen ihren Ärger freien Lauf. Darauf müssen Sie gefasst sein. Ein Mitarbeiter hat ein Recht, emotional und heftig zu reagieren:

Vorige Woche haben Sie mich noch über den grünen Klee gelobt und mir eine große Karriere prophezeit. Und jetzt so etwas. Das ist doch die Folge schwerer Managementfehler. Und Sie haben diese Fehler mit zu verantworten...

Was sagen Sie jetzt? Das ist ein Angriff auf Ihr Selbstbild, auf Ihre Identität. Antworten Sie: *Das können Sie doch überhaupt nicht beurteilen?*
Vielleicht wäre es besser, wenn Sie nicht unmittelbar darauf eingehen, sondern antworten:
Ich verstehe durchaus Ihren Ärger. Ich würde aber gerne mit Ihnen in ein paar Tagen darüber reden, was die Firma für Sie tun kann in dieser Situation, wie wir Ihnen bei der Stellensuche helfen können.

Fast alle Mitarbeiter fühlen sich gekränkt und beleidigt, wenn man ihnen sagt, dass sie entlassen werden. Die Botschaft, die bei ihnen ankommt lautet: Sie werden nicht mehr gebraucht. Sie gehören nicht zu denjenigen Mitarbeitern, die wir um jeden Preis halten werden, weil sie tüchtig sind. Wer entlassen werden soll, empfindet das als eine Attacke auf sein Selbstwertgefühl. Wer gekündigt worden ist, fühlt sich als Verlierer.
Bei Kündigungsgesprächen heißt das: Wie gehe ich mit negativen Gefühlsäußerungen des Mitarbeiters um? Wie reagiere ich darauf emotional. Wie gehe ich mit meinen eigenen negativen Gefühlen um?

Es gibt kein Patentrezept

Es wäre falsch, in einem Kündigungsgespräch um Verständnis für die schwierige Lage, für diese unpopuläre Entscheidung zu werben. Das wollen Mitarbeiter nun wirklich nicht hören. Man kann Führungskräften nur raten: Nennen Sie die Fakten!

Es könnte sich folgender Dialog ergeben:

Vorgesetzter:
Wir können nicht mehr so viel Mitarbeiter beschäftigen, wie wir gerne wollen. Es geht nicht. Täten wir es trotzdem, würden wir unverantwortlich handeln, auch gegenüber den Mitarbeitern, die weiter für uns arbeiten. Wir würden die Existenz des Unternehmens gefährden. Leider sind auch Sie von den Kündigungen betroffen.

Mitarbeiter:
Aber jetzt gefährden Sie meine Existenz. Oder vernichten sie, das wird sich herausstellen.

Vorgesetzter:
Das ist hart für Sie. Niemand hier würde gerne mit Ihnen tauschen. Doch die Entscheidung ist gefallen. Das schafft eine neue Realität: für Sie und für uns. Sie brauchen nicht unser Mitleid, Sie brauchen unsere Unterstützung. Wir haben einen Berater beauftragt, Ihnen bei der Stellensuche zu helfen. Er kennt den Arbeitsmarkt besser als wir. Er wird Sie betreuen, bis Sie einen neuen Arbeitsvertrag unterschrieben haben. Sollten sich in absehbarer Zeit für Sie keine akzeptable Lösung ergeben, wollen wir gerne noch einmal mit Ihnen reden. Situationen verändern sich. Doch aus heutiger Sicht können wir Ihnen keine Hoffnung auf Weiterbeschäftigung machen. Sie sollten sich deshalb mit dem Gedanken anfreunden, dass es für Sie jetzt einen beruflichen Schnitt gibt, der auch die Chance für einen Neuanfang mit sich bringt. Besinnen Sie sich auf Ihre Fähigkeiten, auf Ihre Talente und auf Ihre beruflichen Erfahrungen......"
(Ende)

Man kann nicht mit allen Mitarbeitern so reden. Es gibt kein Patenrezept für solche Gespräche. Niemand weiß vorher, wie sie sich entwickeln und wo sie enden.

Positiver Gesprächsabschluss?

Manche Chefs haben in Seminaren gelernt, dass jedes Mitarbeitergespräch positiv beendet werden soll. Leider hat man vergessen zu betonen, dass dies bei Kündigungsgesprächen Unfug ist. Die Firma trennt sich von einem Mitarbeiter, der gerne geblieben wäre. Was soll daran für den Mitarbeiter positiv sein? Was aber noch lange nicht heißen soll, dass der Vorgesetzte das Gefühl verstärken soll, dass alles aussichtslos, verfahren und ohne jede Hoffnung ist. Im ersten Kündigungsgespräch, wo starke Gefühle beim Mitarbeiter ausgelöst werden, sollte man auf Optimismus verzichten.

19. Unterstützung beim Neuanfang

Abfindungen sind für viele Mitarbeiter, die ihren Arbeitsplatz verlieren, nur ein Trostpflaster. Eine neue Stelle wäre ihnen lieber.

Karriere- und Outplacementberatung

Zu einer fairen Trennung gehört auch, die ausscheidenden Mitarbeiter bei der beruflichen Neuorientierung zu unterstützen. Die Firma bezahlt einen Berater, der als Coach zur Verfügung steht. Die Dienstleistung „Outplacementberatung" ist längst nicht mehr auf Manager beschränkt. In manchen Sozialplänen wird diese Dienstleistung für alle betroffenen Mitarbeiter vereinbart. Manche Firmen bieten auch Unterstützung bei der Existenzgründung an oder gründen bei Massenentlassungen Transferfirmen, wo auch Umschulungs- und Weiterbildungskurse angeboten werden.

Warum sollten Firmen professionelle Berater engagieren und bezahlen? Firmen haben eine soziale Verpflichtung ihren Mitarbeitern gegenüber und sollten sie nicht im Regen stehen lassen. Aber es gibt noch andere Gründe: Unternehmen vermeiden damit unnötigen Streit und kostenintensive Auseinandersetzungen vor dem Arbeitsgericht oder wollen nicht ins Gerede kommen und ihr Ansehen beschädigen. Aus eigener Erfahrung weiß ich, wie positiv die Dienstleistung von den betroffenen Mitarbeitern aufgenommen wird. Sie fühlen sich nicht alleine gelassen. Das trägt dazu bei, den Schaden zu begrenzen.

Kapitel V: Mustertexte, Vorlagen, Checklisten

Mustertexte (Erläuterungen)

Abmahnung

Absagebrief – kein Interview

Absagebrief – nach Interview

Anforderungskriterien (Übersicht)

Arbeitsvertrag (unbefristet, keine Tarifbindung

Arbeitsvertrag für geringfügig Beschäftigte (450 EURO)

Arbeitszeugnis: Beurteilungsbogen für Vorgesetzte

Musterzeugnis

Aufhebungsvertrag

Bewerberinterview (Merkblatt)

Interviewfragen

Interviewverlauf

Checkliste >Faire Kündigung<

Checkliste >Fristgerechte Kündigung<

Checkliste Kündigungsgespräch

Eignungbeurteilung, Entscheidung

Kündigungsschreiben – betriebsbedingte Kündigung

Kündigungsschreiben – betriebsbedingt mit Abfindungsanspruch

Kündigungsschreiben - Änderungskündigung

Kündigungsschreiben wichtiger Grund (fristlos)

Stellenanzeige

20. Mustertexte

Mustertexte passen nicht immer. Man kann Mustertexte nicht immer eins zu eins als Vorlage übernehmen. Doch sie taugen immer als Anregung.

Die Texte sind in einer präzisen und verständlichen Sprache verfasst. Selbstverständlich sind die Texte in meinem persönlichen Stil formuliert, der nicht unbedingt Ihr Stil sein muss. Die Vertragstexte sind bewusst <u>nicht</u> im typischen „Juristendeutsch" verfasst, sondern in einer Sprache, die auch die Nicht-Juristen verstehen. Gleichwohl sind diese Texte „rechtssicher" formuliert.

Fast alle Mustertexte sind mit Erläuterungen, Hinweisen und Erklärungen versehen mit der Überschrift **Gut zu wissen**.

Abmahnung

Abmahnung

Sehr geehrter Herr Wachtel,

Sie sind am 27. Februar 2014 dreißig Minuten zu spät zur Arbeit gekommen und haben am 28. Februar 2014 unentschuldigt gefehlt. Sie haben damit gegen Ihre arbeitsvertraglichen Pflichten verstoßen. Wir fordern Sie hiermit auf, künftig pünktlich und regelmäßig zur Arbeit zu kommen.

Wenn Sie sich weiterhin vertragswidrig verhalten, müssen Sie mit Konsequenzen rechnen, wie zum Beispiel mit der Kündigung.

Mit freundlichen Grüßen

Gut zu wissen

Der Arbeitgeber steht vor der Entscheidung: Ist eine schriftliche Abmahnung der Verfehlung angemessen oder handelt es sich um ein Fehlverhalten, bei dem eine mündliche Ermahnung der Sache eher angemessen ist.

Eine Ermahnung oder Rüge ist noch keine arbeitsrechtliche Abmahnung. Bei einer Abmahnung missbilligt der Arbeitgeber das Verhalten des Arbeitnehmers ausdrücklich (z.B. häufiges Zuspätkommen, Arbeitsverweigerung, Verstoß gegen das Alkoholverbot), räumt ihm die Chance ein, sein Verhalten zu ändern und droht ihm für den Wiederholungsfall Konsequenzen an, z.B. die Kündigung. Die Abmahnung (andere Bezeichnungen sind auch möglich, z.B. Verwarnung) kann schriftlich oder mündlich erfolgen. Weil die Darlegungs- und Beweislast im Kündigungsschutzprozess in jedem Fall der Arbeitgeber hat, ist eine schriftliche Abmahnung zu empfehlen.

Bei verhaltensbedingten Kündigungen gilt: Bei der Interessenabwägung muss es dem Arbeitgeber unzumutbar sein, das Arbeitsverhältnis fortzusetzen. Aus dem Grundsatz der Verhältnismäßigkeit resultiert, dass ein Arbeitgeber eine Kündigung aus verhaltensbedingten Gründen nur aussprechen darf, wenn eine Abmahnung vorausgegangen ist.

Absagebrief: Bewerbung - kein Interview

Ihre Bewerbung als Außendienst-Mitarbeiter

Sehr geehrter Herr Sommer,

vielen Dank für Ihre Bewerbung. Um diese Stelle haben sich viele beworben, die wir nicht alle einladen können. Bei der Vorauswahl haben wir geprüft, welche Bewerber mit ihrer schriftlichen Selbstpräsentation den Eindruck vermittelt haben, dass sie unseren Anforderungen sehr nahe kommen und die Richtigen für diese Stelle sein könnten. Leider gehören Sie nicht dazu.

Wir wünschen Ihnen, dass Sie bei Ihrer nächsten Bewerbung mehr Glück und Erfolg haben werden.

Mit freundlichen Grüßen

Unterschrift Personalleiter

Absagebrief: Bewerbung – nach Interview

Ihre Bewerbung als Buchhalterin

Sehr geehrte Frau Schulz,

wir hatten vorige Woche Gelegenheit, Sie persönlich kennen zu lernen. Im Interview haben Sie den Eindruck vermittelt, dass Sie qualifiziert sind.

Für diese Position haben sich mehrere geeignete Bewerber bei uns vorgestellt. Wir haben uns für eine Ihrer Mitbewerberinnen entschieden.

Wir wünschen Ihnen viel Glück und Erfolg bei der Stellensuche und schicken Ihnen Ihre Bewerbungsunterlagen zurück.

Mit freundlichen Grüßen

Jörg Kaiser
Geschäftsführer

Anforderungskriterien (Übersicht)

Fachliche Qualifikation

Fachwissen, Fertigkeiten, Spezialwissen,
- Fachkönnen, Berufserfahrung (Branche)
- IT-Kentnisse
- Fremdsprachenkenntnisse (Grad der Beherrschung)
- Weiterbildung (Seminare, Fernstudium, Abendkurse)

Geistige und kreative Fähigkeiten

- Auffassungsgabe
- Logisches, strategisches und konzeptionelles Denken
- Kreative Fähigkeiten
- Pädagogisches Geschick
- Organisationstalent
- Improvisationsvermögen
- Urteilsvermögen
- Sprachliche Ausdrucksfähigkeit (mündlich, schriftlich)
- Rhetorische Begabung
- Verhandlungsgeschick

Soziale Fähigkeiten

- Empathie
- Kontaktfreude
- Veränderungsbereitschaft, Flexibilität
- Kommunikation, Kooperation

Persönlichkeitsmerkmale

- selbstsicher, glaubwürdig, loyal, energisch
- freundlich, hilfsbereit, kundenorientiert
- sicheres Auftreten

Arbeitsweise/Arbeitseinsatz/Arbeitserfolge

- selbständig, eigenverantwortlich
- Engagement, Ideen, Belastbarkeit
- Erfolge (z.B. Umsatz gesteigert)

Führungsqualitäten

- Führungserfahrung
- Begeisterungsfähigkeit
- Führungseigenschaften, z.B. Durchsetzungsfähigkeit
- Managementfähigkeiten: Planen, organisieren, kontrollieren, entscheiden

Arbeitsvertrag (unbefristet, keine Tarifbindung)

Zwischen der Firma XYZ in Hamburg und Frau Bärbel Müller wird folgender unbefristeter Arbeitsvertrag geschlossen:

1. Das Arbeitsverhältnis beginnt am 1. April 2014. Vor Beginn der Tätigkeit ist eine ordentliche Kündigung ausgeschlossen.

2. Die ersten drei Monate gelten als Probezeit. Während dieser Zeit können die Vertragsparteien das Arbeitsverhältnis mit einer Frist von zwei Wochen kündigen, danach gilt die gesetzliche Kündigungsfrist.

3. Frau Müller wird als **Personalsachbearbeiterin** eingestellt
Das Unternehmen behält sich vor, Frau Müller aus betrieblichen Gründen eine andere zumutbare Arbeit zu übertragen, die ihren Kenntnissen und Fähigkeiten entspricht.

4. Die regelmäßige Arbeitszeit beträgt 40 Stunden wöchentlich. Beginn und Ende der täglichen Arbeitszeit richten sich nach der Betriebsvereinbarung.

5. Das monatliche Bruttogehalt beträgt EUR 2.900,-. Außerdem zahlen mit dem Novembergehalt ein 13. Gehalt. Voraussetzung ist ein ungekündigtes Arbeitsverhältnis.

6. Die Zahlung des Gehalts erfolgt bargeldlos. Frau Müller wird innerhalb einer Woche nach Beginn des Arbeitsverhältnisses dem Personalbüro die Konto-Nummer mitteilen.

7. Die Abtretung und Verpfändung von Gehaltsansprüchen ist ausgeschlossen.

8. Frau Müller verpflichtet sich, über alle vertraulichen Angelegenheiten zu schweigen, auch nach dem Ausscheiden.

9. Frau Müller darf eine Nebentätigkeit erst aufnehmen, wenn sie vorher die Firma schriftlich darüber informiert hat.

10. Die Kündigung ist schriftlich zu erklären (§ 623 BGB). Nach der Probezeit gelten die gesetzlichen Kündigungsfristen. Tritt aufgrund gesetzlicher Vorschriften eine Verlängerung der Kündigungsfrist ein, so gilt die verlängerte Kündigungsfrist für beide Teile.

11. Bei Arbeitsverhinderung ist die Mitarbeiterin verpflichtet, dies unverzüglich anzuzeigen und bei Krankheit innerhalb von vier Tagen eine Arbeitsunfähigkeitsbescheinigung vorzulegen.

12. Die Angaben auf dem Personalbogen sind Bestandteil des Arbeitsvertrages.

13. Der Urlaub beträgt 20 Arbeitstage. Im Übrigen gelten die Betriebsvereinbarungen.

14. Ansprüche aus dem Arbeitsverhältnis müssen von den Vertragsparteien spätestens drei Monate nach der Beendigung des Arbeitsverhältnisses schriftlich geltend gemacht werden, sonst verfallen sie.

15. Änderungen und Ergänzungen bedürfen zu ihrer Wirksamkeit der Schriftform.

Hamburg, den 28. Februar 2014

Unterschriften:

Arbeitgeber .... Mitarbeiter(in)..

Gut zu wissen

Befristeter Arbeitsvertrag

Nach dem Teilzeit- und Befristungsgesetz ist die Befristung eines Arbeitsvertrages bis zu zwei Jahren möglich, und zwar ohne sachlichen Grund. Bis zur Gesamtdauer von zwei Jahren ist eine dreimalige Verlängerung eines befristeten Vertrages zulässig. In unserem Fall zum Beispiel wäre zulässig:

1. Vertrag: „Das Arbeitsverhältnis beginnt am 1.4.2014 und endet am 30.9.2014 ohne dass es einer Kündigung bedarf."
2. Vertrag: 1.10.2014 bis 31.3.2015
3. Vertrag: 1.4. 2015 bis 30.9.2015
4. Vertrag 1.10.2015 bis 31.3.2016

Will der Arbeitgeber die Mitarbeiterin nach dem 31. März 2016 weiterbeschäftigen, muss er einen unbefristeten Arbeitsvertrag abschließen. Beschäftigt der Arbeitgeber die Mitarbeiterin über den 31. März 2016 hinaus ohne Vereinbarung, dann entsteht automatisch ein unbefristetes Arbeitsverhältnis.

Vereinbarung: Kündigung ausgeschlossen

Im Arbeitsvertrag steht: „Vor Beginn der Tätigkeit ist eine ordentliche Kündigung ausgeschlossen."
Eine solche Vereinbarung ist zulässig. Beispiel: Frau Müller hat den Arbeitsvertrag mit der Firma ABC am 28. Februar 2014 abgeschlossen. Ein anderes Unternehmen bietet ihr an, ab 1. April 2014 zu einem höheren Gehalt als Personalsachbearbeiterin zu arbeiten. Frau Müller kündigt am 1. März 2014 den Arbeitsvertrag – bevor sie ihre Tätigkeit bei der Firma ABC angetreten hat - zum 31. März 2014. Die Kündigung ist unwirksam. Sie wäre nur dann wirksam, wenn der Ausschluss der Kündigung im Arbeitsvertrag nicht vereinbart wäre.

Probezeit

Die Probezeit beträgt drei Monate. Zulässig wäre auch eine Vereinbarung von sechs Monaten. Faktisch beträgt die Probezeit ohnehin sechs Monate, da der allgemeine Kündigungsschutz erst nach sechs Monaten Beschäftigungsdauer einsetzt.

Tarifbindung

Personalsachbearbeiter sind in der Regel Tarifangestellte. Da hier keine Tarifbindung besteht, kann die Firma ABC zwar die Höhe des Gehalts frei vereinbaren, aber die Vergütung (oder Freizeitausgleich) für Überstunden nicht ausschließen. Eine Vereinbarung, dass Überstunden mit dem Gehalt abgegolten sind, wäre nur für außertarifliche Angestellte zulässig und auch nur dann, wenn sie mindestens 15% über dem höchsten Tarifgehalt verdienen. Das gilt analog auch dann, wenn kein Tarifvertrag angewendet wird. Streiten sich Arbeitgeber und Arbeitnehmer vor Gericht, wird als Richtgröße der Tarifvertrag zum Vergleich herangezogen, der bei Tarifbindung gelten würde.

Gehaltsabtretung

Die Vereinbarung, dass Gehaltsabtretungen ausgeschlossen sind, bedeutet folgendes: Wenn Frau Müller bei einem Versandhaus eine Waschmaschine auf Raten gekauft hat und kommt mit den Ratenzahlungen in Verzug, dann wird die Restsumme nach dem Kaufvertrag sofort fällig. Der Kaufvertrag enthält in der Regel den Passus, dass sich Frau Müller in diesem Fall verpflichtet, ihr Gehalt an den Verkäufer abzutreten. Wenn dies allerdings im Arbeitsvertrag ausgeschlossen ist, dann ist der Arbeitgeber nicht verpflichtet, den Betrag vom Gehalt einzubehalten und an das Versandhaus zu überweisen. Wenn das Versandhaus über das Gehalt zu seinem Geld kommen will, muss es bei Gericht eine Pfändungs- und Überweisungsbeschluss erwirken. Dann erst muss der Arbeitgeber als Drittschuldner die Forderung bis zum unpfändbaren Betrag direkt an das Versandhaus überweisen, sonst nicht.

Arbeitsvertrag für geringfügig Beschäftigte (450 Euro-Minijob)

Zwischen der Firma XYZ und Frau Pia Winter wird folgender Arbeitsvertrag geschlossen:

1. Das Arbeitsverhältnis beginnt am 2. Jan. 2014 und wird auf unbestimmte Zeit abgeschlossen.

2. Die Probezeit beträgt drei Monate. Während dieser Zeit können die Vertragsparteien das Arbeitsverhältnis mit einer Frist von zwei Wochen kündigen. Danach gelten die gesetzlichen Kündigungsfristen.

3. Frau Pia Winter wird eingestellt als **Küchenhilfe**

Die Firma behält sich vor, Frau Winter aus betrieblichen Gründen eine andere zumutbare Arbeit zu übertragen, die ihren Kenntnissen und Fähigkeiten entspricht.

4. Die regelmäßige Arbeitszeit beträgt .9 Wochenstunden und 36 Stunden pro Monat, jeweils donnerstags und freitags nach Absprache.

5. Das monatliche Bruttogehalt beträgt EUR 360,-, das entspricht einem Stundenlohn von € 10,-.

6. Der Monatslohn ist am letzten Arbeitstag des Monats fällig. Die Zahlung erfolgt bargeldlos. Frau Winter wird innerhalb einer Woche nach Beginn des Arbeitsverhältnisses ein Konto einrichten und die Konto-Nummer dem Betrieb mitteilen.

7. Die Abtretung und Verpfändung von Gehaltsansprüchen ist ausgeschlossen.

8. Frau Winter verpflichtet sich, über alle vertraulichen Angelegenheiten zu schweigen, auch nach dem Ausscheiden.

9. Wird noch eine weitere geringfügige Beschäftigung ausgeübt, ist der Arbeitgeber darüber zu informieren, weil bei Überschreiten der 450- Euro-Grenze das Gesamteinkommen lohnsteuer- und sozialversicherungspflichtig wird.

10. Bei Arbeitsverhinderung ist Frau Winter verpflichtet, dies unverzüglich anzuzeigen und bei Krankheit innerhalb von drei Tagen eine Arbeitsunfähigkeitsbescheinigung vorzulegen.

11. Der Urlaub beträgt 20 Arbeitstage.

12. Ansprüche aus diesem Arbeitsverhältnis sind spätestens nach drei Monaten schriftlich geltend zu machen, sonst verfallen sie.

13. Änderungen und Ergänzungen bedürfen zu ihrer Wirksamkeit der Schriftform.

Ort / Datum

Unterschriften: Arbeitgeber: Arbeitnehmer(in)

Gut zu wissen

Der Verdienst bei geringfügigen Beschäftigungen darf vierhundertfünfzig Euro monatlich nicht übersteigen, weil er sonst lohnsteuer- und sozialversicherungspflichtig wird. Mehrere geringfügige Beschäftigungen werden zusammengezählt und dürfen dann € 450,- monatlich nicht übersteigen. Sonderzahlungen (wie Weihnachtsgeld) zählen ebenfalls dazu; sie werden auf die Monate aufgeteilt.

Eine geringfügige Beschäftigung ist neben einer Hauptbeschäftigung zulässig. Der Arbeitgeber hat für die geringfügig Beschäftigten eine Pauschalsteuer von 2% zu zahlen, außerdem Pauschalbeträge zur Kranken- und Rentenversicherung. Arbeitgeber haben es nur noch mit einer einzigen Stelle zu tun, der Mini-Jobjob-Zentrale der Deutschen Rentenversicherung Knappschaft Bahn – See.
Informationen zum Thema Minijob findet man im Internet unter www.minijob-zentrale.de oder telefonisch zum Ortstarif: 01801200504.

Arbeitszeugnis: Beurteilungsbogen für Vorgesetzte

( ) Zwischenzeugnis   (.) Endzeugnis

Angaben zur Person:

Frau .... Vorname xxx Name xxx, geboren am xxx.

Aufgaben / Verantwortung

xxx

xxx

Anforderungen

xxx

xxx

Formulierungshilfen (Zutreffendes bitte ankreuzen bzw. Text ändern)

1. Einleitungssätze

( ) Frau .., geboren am .xxx.., ist seit dem .xxx.. als xxx.....bei uns beschäftigt.

( ) Frau xxx, geboren am xxx, ist am ... in unser Unternehmen eingetreten.

( ) Frau xxx, geboren am, xxx ist am xx in unser Unternehmen eingetreten. Sie hat bei uns eine Ausbildung zur xxx mit Erfolg abgeschlossen. Über diese Ausbildung wurde bereits ein Zeugnis ausgestellt. Wir haben Frau xxx in ein unbefristetes Arbeitsverhältnis übernommen. Sie ist seit xxx als xxx bei uns tätig.

( ) Frau xxx ist seit dem ... als ... bei uns beschäftigt. Das Arbeitsverhältnis ist von Anfang an befristet.

( ) Frau xxx war vom ... bis ... als ... bei uns tätig.

2. Anforderungen, Aufgaben

siehe oben

3. Fachkompetenz

Fachwissen / Fachkönnen

( ) Frau xxx ist auf Ihrem Gebiet eine Autorität.

( ) Frau xxx ist fachlich kompetent. Sie hat ein exzellentes Fachwissen, das sie auch umsetzen kann.

( ) Sie ist ein erfahrene Fachfrau, die ihr Wissen gut umsetzen kann.

( ) Sie besitzt Spezialkenntnisse auf dem Gebiet ....

( ) Ihr Fachwissen liegt weit über dem Durchschnitt.

( ) Sie hat ein akzeptables Fachwissen.

( ) Sie erfüllt die fachlichen Voraussetzungen.

( ) Ihr Fachwissen entspricht voll den Anforderungen.

( ) Sie ist fachlich versiert. Sie besitzt eine langjährige Berufserfahrung und kann ihr Können gut umsetzen.

( ) Sie ist fachlich kompetent, hat Berufserfahrung und packt ihre Aufgaben tatkräftig an.

Sprachkenntnisse

( ) Sie besitzt gute französische Sprachkenntnisse.

( ) Sie hat gute Englischkenntnisse, in Wort und Schrift.

( ) Sie spricht fließend Rusisch

( ) Ihr Spanisch ist verhandlungssicher.

IT-Kenntnisse

( ) Frau xxx hat gute SAP-Kenntnisse (SAP R/3)

( ) Sie beherrscht den PC (MS-Office).

( ) Sie kommt gut mit dem PC (Laptop) umgehen.

( ) Sie arbeitet in der Gehaltsabrechnung mit Paisy.

Weiterbildung

( ) Sie hat sich ständig weitergebildet und Seminare besucht, u. a zu den Themen Arbeitsrecht, Trennungsgespräche, Personalauswahl.

( ) In Abendkursen hat sie eine Ausbildung zum staatlich geprüften Betriebswirt absolviert, die sie mit Erfolg abgeschlossen hat.

( ) Sie ist lernwillig und hat freiwillig Seminare besucht zu den Themen ....

( ) Sie ist stets auf dem neusten Stand in ihrem Fachgebiet. Sie liest Fachliteratur und besucht Seminare: xxx

( ) Sie hat ihre englischen Sprachkenntnisse im Selbststudium und durch einen Ferien-Sprachkurs in Irland erheblich verbessert.

Geistige und kreative Fähigkeiten

(Auffassungsgabe, logisches Denken, Einfallsreichtum, Organisationstalent, pädagogisches Geschick, sprachliches Ausdrucksvermögen, Verhandlungsgeschick, Urteilsvermögen)

( ) Sie hat eine gute Auffassungsgabe und einen gesunden Menschenverstand.

( ) Sie hat einen gesunden Menschenverstand und geht praktisch an die Lösung von Aufgaben und Problemen heran.

( ) Sie geht logisch und systematisch an die Dinge heran, entwickelt Konzepte und setzt sie in die Praxis um.

( ) Sie kann komplizierte Arbeitsabläufe analysieren und neu strukturieren.

( ) Sie hat gute Ideen, die er auch als Verbesserungsvorschläge einreicht und in einigen Fällen sehr erfolgreich gewesen sind.

( ) Sie hat originelle Einfälle und liefert gute Beiträge bei der Arbeit im Team.

( ) Sie entwickelt Konzepte, die diskutiert, erprobt und realisiert werden.

( ) Sie hat Organisationstalent, und hat z.B. einen wesentlichen Anteil am Gelingen der Jahrestagung für den Außendienst.

( ) Sie plant und organisiert ihre Arbeit systematisch.

( ) Bei der Einarbeitung neuer Mitarbeiter zeigt sie viel Geduld und pädagogisches Geschick.

( ) Sie bereitet sich gründlich vor, vermittelt den Stoff anschaulich, kann gut erklären und hat Einfluss auf die Auszubildenden.

( ) Sie ist rhetorisch begabt.

( ) Sie bereitet Präsentationen professionell vor und kann die Ergebnisse ihrer Projektarbeit anschaulich darstellen.

( ) Sie beherrscht die freie Rede und kann ihre Gedanken eindrucksvoll vermitteln.

( ) Sie kann sich verständlich ausdrücken und einen Sachverhalt richtig vermitteln.

( ) Zu den Auszubildenden hat sie guten Kontakt. Sie hat Geduld und kann anschaulich erklären.

( ) Ihre Berichte, Briefe und E-Mails sind übersichtlich gegliedert und präzise formuliert.

( ) Ihr Briefstil ist lebendig und kommt bei unseren Kunden (Mandanten) gut an.

( ) Sie bereitet sich intensiv auf Verhandlungen vor, sammelt Informationen, legt das gewünschte Ziel fest, reagiert flexibel auf Argumente der Verhandlungspartner, verliert ihr Ziel nicht aus den Augen und erzielt gute Erfolge.

( ) Sie verhandelt geschickt und erzielt sehr gute Erfolge. Es ist ihr gelungen, ...

( ) Sie argumentiert bei Verhandlungen überzeugend, bleibt dabei immer fair, wahrt die Interessen der Firma und erzielt gute Resultate.

( ) Sie verhandelt klug und erzielt Ergebnisse, mit denen beide Seiten zufrieden sind.

( ) Sie schätzt Situationen realistisch ein und kommt zu einem sicheren Urteil.

( ) Sie besitzt Augenmaß und ist besonnen im Urteil.

( ) Sie ist eigenständig, überlegt und sicher im Urteil.

4. Soziale Kompetenz

Lern- und Veränderungsbereitschaft

( ) Sie ist anpassungsfähig, lernwillig und reagiert flexibel auf Veränderungen.

( ) Sie ist offen für neue Erfahrungen, sehr beweglich und stellt sich schnell auf neue Situationen ein.

Leistungs- und Verantwortungsbereitschaft

( ) Sie besitzt eine hohe Eigenmotivation, hat eine optimistische Grundhaltung und eine gute Meinung von sich selbst.

( ) Sie hat großes Vertrauen in die eigene Leistungsfähigkeit und übernimmt bereitwillig Verantwortung.

( ) Sie ist loyal, vertrauenswürdig und hat eine positive Einstellung zur Arbeit.

Verlässlichkeit / Gewissenhaftigkeit

( ) Sie ist zuverlässig und hält Verabredungen und Termine ein.

( ) Sie ist sehr diszipliniert und hat ihre Gefühle unter Kontrolle.

( ) Sie arbeitet gewissenhaft und sorgfältig.

Kooperationsvermögen

( ) Sie ist verträglich und kommt gut mit anderen zurecht.

( ) Sie ist umgänglich, kommuniziert offen und geht auf Menschen zu.

Empathie, Umgang mit Kunden, Auftreten

( ) Sie besitzt Empathie und kann zuhören.

( ) Sie hat Feingefühl und kommt mit den unterschiedlichsten Menschen zurecht.

( ) Sie hat ein sicheres Gespür für die Reaktion der Kunden und kann sich schnell darauf einstellen.

( ) Sie kann sich auf Kunden unterschiedler Herkunft und Bildung einstellen.

( ) Sie hat ein gutes Einfühlungsvermögen und weiß, was Kunden wollen.

( ) Sie hat eine positive Ausstrahlung und kann Kunden (Mandanten) für sich einnehmen.

( ) Sie setzt alles daran, auch ungewöhnliche Kundenwünsche zu erfüllen.

( ) Sie hat ein Gespür für die Reaktion der Kunden, versteht ihre Gefühle und stellt sich schnell darauf ein.

( ) Sie ist ein talentierte Mitarbeiterin im Außendienst, die klar und prägnant die Vorzüge unserer Produkte in Kernaussagen darstellt.

( ) Sie ist ein Verkaufstalent, verfolgt konsequent ihre Ziele, von denen sie sich auch durch Rückschläge nicht abbringen lässt.

( ) Sie hat ein sicheres Auftreten und gute Umgangsformen.
( ) Frau xxx ist eine sympathische Erscheinung, tritt selbstsicher auf und ist höflich und hilfsbereit.

( ) Sie hat Selbstvertrauen, weiß was sie will und kann sich durchsetzen.

( ) Sie verfolgt beharrlich ihre Ziele und kann sich gegen Widerstände behaupten.

Kommunikation / Kooperation

( ) Sie knüpft schnell Kontakte und pflegt Beziehungen.

( ) Sie findet leicht Kontakt, ist offen in der Kommunikation und kann gut mit Kritik umgehen.

( ) Sie geht auf Menschen zu und kommt schnell mit ihnen ins Gespräch.

( ) Sie hat eine erfrischende Art mit Kunden zu sprechen.

( ) Sie ist umgänglich, arbeitet aktiv im Team mit und bringt die Gruppe voran.

( ) Sie ist offen, kommunikativ und wird im Team akzeptiert.

( ) Sie arbeitet gern im Team, unterstützt Kollegen, gibt Impulse und macht eigene Vorschläge.

( ) Sie arbeitet konstruktiv mit, nimmt die Ideen der anderen auf und macht eigene Vorschläge.

( ) Sie trägt Konflikte offen aus, sucht den Ausgleich und konstruktive Lösungen.

( ) Sie reagiert auf Kritik, kann damit umgehen und zieht Konsequenzen.

( ) Sie ist bereit, sich mit Konflikten auseinander zu setzen, Lösungen zu diskutieren und vernünftige Kompromisse zu schließen.
( ) Sie übernimmt bei Konflikten gerne die Rolle des Moderators. Mit ihrer ausgeglichenen Art gelingt es ihr, Lösungen zu finden, die alle Beteiligten akzeptieren.

5. Arbeitsleistung

Arbeitsweise / Arbeitseinsatz

( ) Sie arbeitet selbständig, schnell, sorgfältig, effizient und erzielt sehr gute Ergebnisse.

( ) Sie arbeitet selbständig und effizient, auch unter Termindruck.

( ) Sie arbeitet gewissenhaft und verantwortungsbewusst. Sie vergisst nichts Wichtiges.

( ) Sie ist flexibel und kommt mit unvorhersehbaren Situationen gut zurecht.

( ) Sie ist fleißig und hält Termine ein.

( ) Sie versteht es, ihre Arbeit zu planen, zu strukturieren und zu organisieren.

( ) Sie arbeitet zügig und äußerst zuverlässig.

( ) Sie arbeitet sehr engagiert und schaut dabei nicht auf die Uhr.

( ) Sie ist belastbar und bewältigt hohen Arbeitsanfall.

( ) Sie hat ihre Aufgaben gut organisiert und setzt Ressourcen wirtschaftlich ein.

( ) Frau xxx konnte ihre Stärken einsetzen, um ihre Aufgaben erfolgreich zu bewältigen

Arbeitsergebnisse (positive Resultate, Erfolge, Nutzen)

( ) Sie packt ihre Aufgaben tatkräftig an und bringt sie auch unter schwierigen Bedingungen zu einem guten Abschluss.

( ) Sie verfolgt mit Ausdauer ihre Ziele und kommt zu guten Ergebnissen.

( ) Sie ist mit ihrer Aufgabe gewachsen und selbstsicherer und souveräner geworden.

( ) Sie hat seine Fähigkeit zur Moderation / Präsentation erheblich verbessert. Das wirkt sich positiv auf die Kundenbeziehungen aus.

( ) Sie hat immer ihre Ziele erreicht und damit einen nützlichen Beitrag zum Ganzen geleistet.

( ) Sie hat mit ihrem Engagement wesentlich zum positiven Gesamtergebnis beigetragen.

Konkrete Arbeitsergebnisse (individueller Text)

xxx

xxxx

6. Führungsverhalten / Führungsleistung

( ) Schwierige Mitarbeitergespräche führt sie mit Geschick und Fingerspitzengefühl.

( ) Sie denkt unternehmerisch und setzt Mitarbeiter und Material effizient ein.
( ) Sie hat ein gutes Gespür und eine sichere Hand bei Auswahl und Einsatz ihrer Mitarbeiter.

( ) Sie nutzt Konflikte als Chance, die Situation zu klären und Veränderungen einzuleiten.

( ) Sie plant und organisiert ihren Verantwortungsbereich systematisch.
( ) Sie teilt ihre Zeit ökonomisch ein und macht das Wichtigste zuerst.

( ) Sie sucht ständig nach Möglichkeiten, die Arbeitsabläufe zu straffen und die Aufgaben besser zu bewältigen. Er geht dabei auch neue Wege.

( ) Sie informiert ihre Mitarbeiter rechtzeitig und umfassend, vereinbart Ziele und kontrolliert die Ergebnisse.

( ) Sie hat guten Kontakt zu ihrer Mitarbeitern. Das Arbeitsklima ist entspannt. Die Mitarbeiter haben Vertrauen zu ihr

( ) Sie ermuntert ihre Mitarbeiter, eigene Vorschläge zu machen und unterstützt sie dabei, eigene Lösungen zu finden.

( ) Sie trifft klare Entscheidungen und setzt sie durch.

( ) Sie hört den Mitarbeitern zu, zeigt Empathie und unterstützt sie dabei, eigene Lösungen zu finden.

( ) Sie gibt Impulse und treibt Veränderungen voran. Dabei hilft sie, Ängste abzubauen, Vertrauen aufzubauen und Zuversicht zu verbreiten.

( ) Sie unterstützt ihre Mitarbeiter bei ihren Aufgaben und vermittelt ihnen das Gefühl, dass ihre Arbeit wichtig ist.

( ) Sie delegiert Aufgaben und Verantwortung, hat Vertrauen in die Fähigkeiten ihrer Mitarbeiter und gibt ihnen Freiräume für eigene Entscheidungen.

( ) Mit ihrem ruhigen und ausgeglichenen Wesen gelingt es ihr, Streit zu schlichten und Konflikte vernünftig zu lösen.

( ) Sie sagt ihren Mitarbeitern, was sie von ihnen erwartet und gibt ihnen eine Rückmeldung über ihre Leistung.

( ) Sie fördert die Entwicklung ihrer Mitarbeiter, unterstützt sie, neue Aufgaben zu übernehmen und sich weiter zu bilden.

( ) Sie hat ein partnerschaftliches Verhältnis zu ihren Mitarbeitern, ist offen für Kritik und gesteht eigene Fehler ein. Es besteht einVertrauensverhältnis.

Beitrag zum Ganzen

( ) Individueller Text:

Beispiel: Frau Müller hat mit Ihrem Engagement wesentlich zum Erfolg beigetragen.

7. Sozialverhalten (Verhalten im Arbeitsverhältnis)

Gegenüber Kunden, Vorgesetzten, Kollegen, Mitarbeiter, Geschäftsfreunden

( ) Sie arbeitet konstruktiv mit anderen zusammen, verhält sich kollegial und hat ein gutes Verhältnis zu ihrem Vorgesetzten.

( ) Sie ist offen, ehrlich und kollegial. Zu ihrem Vorgesetzten besteht ein Vertrauensverhältnis.

( ) Ihr Verhalten gegenüber seinem Vorgesetzten ist stets korrekt.

( ) Sie kommt mit ihrem Vorgesetzten gut aus. Sie verhält sich immer loyal.

( ) Sie ist freundlich und hilfsbereit und hat ein gutes Verhältnis zu ihren Kollegen und Vorgesetzten.

( ) Sie kommt mit allen gut aus. Sie arbeitet mit Vorgesetzten, Kollegen und Mitarbeitern konstruktiv zusammen.

( ) Sie pflegt gute Beziehungen zu Kollegen und Mitarbeitern.

( ) Zu Kunden und Geschäftsfreunden pflegt sie partnerschaftliche Kontakte.

( ) Kunden schätzen die angenehme Zusammenarbeit mit ihr.

( ) Sie ist immer freundlich und hilfsbereit.

8. Abschlusssatz, Grund des Ausscheidens

( ) Frau xxx verlässt mit dem heutigen Tag unser Unternehmen auf eigenen Wunsch. Wir bedauern dies, danken ihr für die engagierte Mitarbeit und wünschen ihr für die Zukunft alles Gute und weiterhin viel Erfolg.

( ) Mit dem heutigen Tag verlässt uns Frau xxx auf eigenen Wunsch, was wir sehr bedauern. Wir danken ihr für die konstruktive Mitarbeit und wünschen ihr auf ihrem weiteren Berufsweg viel Erfolg.

( ) Frau xxx verlässt das Unternehmen heute auf eigenen Wunsch. Wir danken ihr für die gute Zusammenarbeit und wünschen ihr für die Zukunft alles Gute und viel Erfolg.

( ) Das Arbeitsverhältnis endet durch Fristablauf. Leider können wir Frau xxx keinen Anschlussvertrag anbieten. Wir danken für die Mitarbeit und wünschen ihr für die Zukunft alles Gute.

( ) Das Arbeitsverhältnis wird heute aus betrieblichen Gründen (= Gründe) beendet. Wir bedauern, dass es zu dieser Entwicklung gekommen ist, danken Frau xxx für ihre Mitarbeit und wünschen ihr für die Zukunft alles Gute.

( ) Das Zwischenzeugnis wird auf Wunsch der Mitarbeiterin ausgestellt wegen Wechsel des Vorgesetzten. Wir setzen auch weiterhin auf eine konstruktive Zusammenarbeit.

Zeugnis (Muster)

Frau Maria Lehmann, geboren am 23. Dezember1989, ist am 1. September 2005 als Auszubildende bei uns eingetreten und hat ihre Ausbildung zur Steuerfachangestellten am 27. Juli 2008 mit Erfolg abgeschlossen. Für diese Zeit haben wir bereits ein Zeugnis ausgestellt.

Unmittelbar nach der Ausbildung haben wir Frau Lehmann in ein unbefristetes Arbeitsverhältnis übernommen.

Ihre Aufgaben sind:

- Korrespondenz mit Mandanten, Finanzämtern, Sozialversicherungsträgern
- Unterstützung des Steuerberaters bei der Beratung von Mandanten
- Steuererklärungen bearbeiten
- Finanzbuchführung für Betriebe und Selbständige
- Vorbereitende Arbeiten für den Jahresabschluss
- Betreuung der Auszubildenden

Für diese Aufgaben sind erforderlich: Fundierte und aktualisierte Fachkenntnisse, selbständiges Arbeiten, Empathie und gutes sprachliches Ausdrucksvermögen.

Frau Lehmann ist fachlich kompetent. Sie liest Fachzeitschriften und besucht regelmäßig Seminare, um auf dem neuesten Stand zu sein. Sie bereitet sich per Fernkurs und Wochenendlehrgängen auf die Prüfung zur Steuerfachwirtin vor.

Frau Lehmann betreut unsere Auszubildenden und vermittelt ihnen das Gefühl, dass sie jederzeit mit ihren Fragen und Problemen zu ihr kommen können. Sie macht das mit Begeisterung und bleibt keine Antwort schuldig.

Frau Lehmann ist eine verschwiegene und vertrauenswürdige Mitarbeitern, die schnell Kontakt zu unseren Mandanten herstellen kann und die Beziehungen pflegt. Sie hat ein sicheres Auftreten, gute Umgangsformen und findet den richtigen Ton im

Umgang mit den Mandanten. Sie formuliert klar und anschaulich und bringt den Sachverhalt auf den Punkt.

Sie erledigt eigenverantwortlich die Lohn- und Gehaltsabrechnung und die Gewinnermittlung für Handwerksbetriebe. Sie arbeitet selbständig, zügig, sorgfältig und hält Termine ein. Sie versteht es, ihre Arbeit zu planen und zu strukturieren. Sie macht kaum Fehler und erzielt gute Ergebnisse.

Frau Lehmann ist offen, ehrlich und kollegial. Sie hat ein gutes Verhältnis zu ihren Vorgesetzten. Mandanten schätzen die angenehme Zusammenarbeit mit ihr.

Mit dem heutigen Tag verlässt uns Frau Lehmann aus auf eigenen Wunsch. Wir bedauern Ihr Ausscheiden, danken ihr für die engagierte Mitarbeit und wünschen ihr alles Gute und weiterhin beruflichen Erfolg.

Hamburg, den 31. März 2014

Steuerberatung Müller & Scholz

Michael Scholz
Steuerberater

Aufhebungsvertrag

Zwischen der Firma xxx und Herrn Peter Schreiner wird folgender Aufhebungsvertrag geschlossen:

1. Um eine betriebsbedingte Kündigung zu vermeiden, vereinbaren die Parteien, das Arbeitsverhältnis auf Veranlassung des Arbeitgebers aus betriebsbedingten Gründen unter Einhaltung der Kündigungsfrist zum 31. März 2014 zu beenden.

2. Bis 31. März 2014 wird Herr Schreiner unter Fortzahlung der Vergütung von der Arbeit freigestellt. Urlaubsansprüche sind mit der Freistellung abgegolten.

3. Das Unternehmen zahlt Herrn Schreiner eine Abfindung in Höhe von 4.000,- Euro brutto. Das entspricht einem halben Bruttogehalt pro Beschäftigungsjahr Die Abfindung ist am 31. März 2014 fällig.

4. Herr Schreiner erhält ein qualifiziertes Zeugnis, das individuell formuliert ist und seinen guten Leistungen entspricht. Das vorläufige Zeugnis wird bis 10. Januar 2014 ausgestellt.

5. Herr Schreiner verpflichtet sich, über alle betriebsinternen Vorgänge, insbesondere Geschäfts- und Betriebsgeheimnisse auch nach seinem Ausscheiden aus dem Unternehmen Stillschweigen zu bewahren.

6. Herr Schreiner verzichtet darauf, Kündigungsschutzklage einzureichen.

7. Herr Schreiner wurde ausdrücklich darauf hingewiesen, dass der Abschluss dieses Aufhebungsvertrages negative Auswirkungen auf den Bezug von Arbeitslosengeld haben könnte, wie Sperrzeit oder Verkürzung der individuellen Bezugsdauer. Außerdem wurde er darauf hingewiesen, dass er sich umgehend bei der Agentur für Arbeit melden muss, wenn er Leistungen in Anspruch nehmen will.

8. Mit dieser Vereinbarung sind alle gegenseitigen Ansprüche aus dem Arbeitsverhältnis erledigt.

Ort / Datum

Unterschriften der Vertragsparteien

Gut zu wissen

Nach dem Grundsatz der Vertragsfreiheit kann das Arbeitsverhältnis jederzeit durch einen Aufhebungsvertrag beendet werden. Es gibt viele Gründe für einen Aufhebungsvertrag. Fast immer geht die Initiative vom Arbeitgeber aus. Nicht selten ist ein Aufhebungsvertrag mit einer Abfindung die elegantere Lösung für beide Seiten, weil das Prozessrisiko nicht abzuschätzen ist. Die Vorteile für den Arbeitgeber liegen auf der Hand:

- Es sind keine Kündigungsgründe erforderlich.
- Der Betriebsrat muss nicht angehört werden.
- Es besteht keine Pflicht zur Weiterbeschäftigung.
- Der allgemeine und besondere Kündigungsschutz findet keine Anwendung.
- Bei Schwerbehinderten ist die Zustimmung des Integrationsamtes nicht erforderlich.

Weiterbeschäftigung

Soll der Mitarbeiter bis zum offiziellen Ausscheiden aus dem Betrieb weiterarbeiten? Ein Mitarbeiter hat Anspruch auf tatsächliche Beschäftigung. Wenn der Mitarbeiter einverstanden ist, kann eine Freistellung mit Weiterbezahlung des Gehalts vereinbart werden.

Abfindung

Seit 1. Januar 2006 unterliegen Abfindungen in voller Höhe der Lohnsteuerpflicht. Die Steuerfreiheit und die Freibeträge, die es früher gab, wurden ersatzlos gestrichen. Nur bei der Sozialversicherungspflicht ist alles beim Alten geblieben. Abfindungen sind nach der Rechtsprechung des Bundessozialgerichts kein Arbeitsentgelt und deshalb in voller Höhe sozialversicherungsfrei. Eine Abfindung wird nicht auf das Arbeitslosengeld angerechnet.

Sperrzeit bei Arbeitslosengeld

Ein Aufhebungsvertrag ohne vorherige Kündigung durch den Arbeitgeber zieht immer eine Sperrzeit beim Arbeitslosengeld nach sich, wenn eine Abfindung gezahlt worden ist. Was heißt das? Der Arbeitslose hat maximal zwölf Wochen lang keinen Anspruch auf Arbeitslosengeld. Die Bezugsdauer des Arbeitslosengeldes wird um 25 Prozent gekürzt.

Das Bundessozialgericht hat seine Rechtsprechung modifiziert: Wenn sich Arbeitgeber und Arbeitnehmer einvernehmlich auf die Beendigung des Arbeitsverhältnisses geeinigt haben und die Abfindungshöhe 0,5 Monatsgehälter pro Beschäftigungsdauer nicht überschreitet, tritt keine Sperrzeit ein.

Ruhen des Anspruchs auf Arbeitslosengeld

Wird beim Abschluss eines Aufhebungsvertrages die bei einer Kündigung vorgeschriebene Frist (Arbeitsvertrag, Tarifvertrag, gesetzliche Kündigungsfrist) nicht eingehalten, ruht der Anspruch auf Arbeitslosengeld. Die Agentur für Arbeit geht davon aus, dass die Abfindung als Ersatz für das Gehalt gezahlt worden ist. Anders ausgedrückt: Ein Teil der Abfindung wird mit dem Arbeitslosengeld verrechnet. Das gilt auch bei Aufhebungsverträgen mit Mitarbeitern, bei denen eine ordentliche Kündigung tarifvertraglich ausgeschlossen ist.

Resturlaub

Auch wenn sich Arbeitgeber und Mitarbeiter darauf verständigen, dass der Arbeitnehmer sofort von seiner Arbeit freigestellt wird, ist damit nicht automatisch ein noch bestehender Resturlaub abgegolten. Das muss ausdrücklich vereinbart werden.

Bewerberinterview - Merkblatt

Leider gibt es ihn nicht, den Apparat, mit dem man herausfinden könnte, wie jemand tickt, wie qualifiziert er ist und ob er erfolgreich arbeiten wird. Das Unternehmen würde von Fehlentscheidungen verschont bleiben und Kosten sparen. Die Entscheidung, wer eingestellt wird, bleibt eine Prognose. Doch mit Augenmaß und Intuition kann es gelingen, das Risiko gering zu halten. Hier ein paar Regeln:

1 Es zählt nur, was einer kann

Beschreiben Sie, was der Bewerber können muss und welche Erfahrung und Stärken bei der Aufgabe besonders nützlich sind. Sprechen Sie auf jeden Fall vor der Stellenbesetzung mit dem Vorgesetzten und den künftigen Kollegen über Aufgaben und Anforderungen. Definieren Sie präzise die Anforderungskriterien, damit sie bei der Vorauswahl und der Eignungsbeurteilung nach dem Interview mit einem Soll-Ist-Vergleich beurteilen können, ob der Bewerber die Anforderungen erfüllt und Ihnen das Gefühl vermittelt hat, dass er es packt und ein Gewinn für ihr Unternehmen sein könnte.

2 Suchen Sie keine maximale Lösung

Treiben Sie nicht zu viel Aufwand, laden Sie nicht zu viele Bewerber zu einem Interview ein, gehen Sie ökonomisch vor. Bei effektiver Vorauswahl genügen fünf bis acht Bewerber. Wer mehr Bewerber einlädt, kommt auch zu keinen besseren Ergebnissen. Zu empfehlen ist, für alle Fälle, noch ein paar Bewerber in Reserve zu haben. Diese Bewerber bekommen einen Zwischenbescheid.

3 Bereiten Sie einen Interviewfragebogen vor

Die Fragen, die Sie beim Interview unbedingt stellen wollen, leiten Sie von den Anforderungskriterien ab. Beispiele:

a) Anforderung: Englisch fließend

Fragen:
- How do you spend your leisure time?
- Why should we hire you? Call us four reasons.

b) Anforderung: Führungsqualitäten

Fragen:
- Haben ihre Mitarbeiter Vertrauen zu ihnen? Wie stellen Sie das fest?
- Werden Sie als autoritär wahrgenommen?
- Wie fördern Sie Ihre Mitarbeiter?

4 Beteiligen Sie künftige Kollegen an der Auswahl

Es gibt kaum jemand in einem Unternehmen, der ganz für sich alleine arbeitet. Es kommt auch darauf an, dass die Zusammenarbeit in der Arbeitsgruppe funktioniert. Passt der neue Mitarbeiter in die Gruppe? Organisieren sie eine zwanglose Kaffeerunde mit dem Bewerber und den Kollegen, ohne Chef. Ihre Mitarbeiter werden ihnen dann schon sagen, was sie von diesem Bewerber halten.

5 Der erste Eindruck ist wichtig, aber nicht immer entscheidend

Die äußerliche Erscheinung, das Auftreten, der Gang, der Händedruck hinterlassen einen Eindruck, der sich im Kopf festsetzt, den der Interviewer bewertet, ganz unwillkürlich. Doch Vorsicht! Eine gute Selbstdarstellung ist nicht verwerflich, reicht aber als Qualifikation für viele Aufgaben nicht aus. Und gelegentlich gibt es darunter auch Blender, die Sie bestimmt nicht einstellen möchten. Verlassen Sie sich auf Ihr Bauchgefühl.

Der erste Eindruck beim Bewerberinterview prägt sich ein. Wie bewegt sich der Bewerber (Körperausdruck), wie schaut er einen an, hat er einen offenen Blick, lächelt er bei der Begrüßung, wie ist seine äußere Erscheinung (gepflegt, schlampig, nachlässig), hat er Ausstrahlung?

Nur oberflächliche Leute urteilen nicht nach dem Aussehen. Das Geheimnis der Welt ist das Sichtbare, nicht das Unsichtbare (Oscar Wilde).

Der erste Eindruck ist ein Spontanurteil, das auf Intuition beruht. Doch Vorsicht! Intuition kann auch zu einem Fehlurteil führen. Auslöser können Sympathie sein, gleiche Wellenlänge, Charaktereigenschaften, Vorurteile, Aussehen, Charme, selbstbewusstes Auftreten.

Nach fünf Minuten hat man einen ersten Eindruck. Man hat den Bewerber im Geiste schon eingestellt oder abgelehnt. Doch das muss eine Arbeitshypothese sein. Bei einem positiven ersten Urteil, sollte man Argumente sammeln, die dagegen sprechen und bei negativem Eindruck umgekehrt verfahren. Nach dem Interview weiß man, ob sich der erste Eindruck verfestigt hat oder nicht.

6 Sprechen Sie im Interview die Gefühle an

Warum Gefühle ansprechen? Sie erfahren mehr über den Menschen, den sie einstellen wollen. Fragen Sie den Bewerber, wie es sich anfühlt, wenn man mit einer Idee scheitert oder ein Projekt erfolgreich, aber gegen Einwände zu Ende geführt hat? Aus Fehlern lernt man mehr als aus Erfolgen. Fragen Sie den Bewerber, wie er aus dem Loch, in das er gefallen ist, wieder herauskam, was er aus den Fehlern gelernt hat, wie er einen Kunden zurück gewonnen hat oder wie es ihm als Chef gelungen ist, die Widerstände der Mitarbeiter gegen die Neuorganisation zu überwinden.

7 Auf die Mimik achten

Gesichter können über einen Menschen oft mehr verraten als alles, was er sagt. Während der Verstand mit den Worten beschäftigt ist, befasst sich das Unterbewusstsein mit Stirn, Mund, Augenwinkeln und ihren aufschlussreichen Bewegungen.

Der amerikanische Psychologe Paul Ekman beschäftigt sich seit mehr als dreißig Jahren mit diesem Thema (Gefühle lesen, 2007). Etwa dreitausend von zehntausend Gesichtsausdrücken (viele sagen nichts aus, wie zum Beispiel Grimassen) verraten viel über den inneren Zustand eines Menschen hinter der Fassade, wie Freude, Angst, Ekel oder Lüge.

Wie jemand aussieht, der lügt, darüber weiß die Wissenschaft eine Menge, so Ekman. Warum man sein Innerstes nicht verbergen könne, liege an der besonderen Verdrahtung im Gehirn. Ekman hat ein Trainingsprogramm für die amerikanische Polizei zur Terroristenbekämpfung entwickelt. Seit 2006 stehen uniformierte Lügen-Detektoren an vierzehn amerikanischen Flughäfen. Manche Unternehmen wären froh, wenn es ein solches Programm auch für die Personalauswahl gäbe.

8 Entscheidung

Ist Intuition, das Bauchgefühl, ein guter Ratgeber bei der Entscheidung, wer eingestellt wird? Sind wir nicht vielmehr Opfer unserer Vorurteile, der Wunschvorstellungen, der Werte und dem Glauben an das Gute im Menschen? Nicht jede Bauchentscheidung muss richtig sein, das wissen wir intuitiv und aus Erfahrung. Verstand und Logik sind nicht unfehlbar, aber Gefühl und Intuition auch nicht.

Viele Praktiker, die Personal einstellen, wissen, dass man ein Gespür dafür haben muss, wer der richtige Bewerber ist. Die Entscheidung, wer eingestellt wird, kann schon deswegen keine rationale sein, weil es sich um eine Prognose handelt und deshalb keine Gewissheit gibt. Die Wahrscheinlichkeit erhöht sich, wenn wir es mit einem Bewerber zu tun haben, der bereits in ähnlicher Funktion erfolgreich gearbeitet hat. Aber sicher können wir nicht sein, weil es zu viele unbekannte Faktoren gibt. Tests helfen nicht.

Interviewfragen

Einstiegsfragen

Erzählen Sie uns etwas über sich und ihren beruflichen Werdegang

Geben Sie uns einen kurzen Abriss Ihres beruflichen Werdegangs

Beschreiben Sie uns kurz Ihre jetzige Tätigkeit: Aufgaben und Verantwortung

Welche unerledigte Aufgaben liegen noch auf Ihrem Schreibtisch?

Ausbildung / Studium

Sie haben den Beruf eines ...... erlernt. Wie sind Sie darauf gekommen?

Sie haben ...... studiert. Warum?

Sie haben das Studium abgebrochen. Warum?

Konnten Sie zügig studieren?

Wie haben Sie das Studium finanziert?

Was war das Thema Ihrer Diplomarbeit?

Erzählen Sie uns etwas über Ihre Praktika?

Wissen, Können, Erfahrung

Beschreiben Sie kurz Ihre Berufserfahrung

Nennen Sie uns ein fachliches Problem, das Sie gelöst oder eine schwierige Aufgabe, die Sie bewältigt haben?

Auf welchem Gebiet sind Sie ein Experte?

Die Art und Weise wie jemand arbeitet, nennt man wohl Arbeitsstil. Wie würden Sie Ihren Arbeitsstil beschreiben?

Haben Sie konzeptionelle Fähigkeiten? Können Sie Beispiele nennen?

Lernbereitschaft / Weiterbildung

Was tun Sie, um Ihr Fachwissen auf dem aktuellen Stand zu halten?

Was haben Sie für Ihre berufliche Weiterbildung getan?

Aus welchem Fehler haben Sie am meisten gelernt?

Was wollen Sie unbedingt noch lernen?

IT-Kenntnisse

Welche PC- und EDV-Kenntnisse besitzen Sie, und wie haben sie diese erworben?

Sprachkenntnisse

Entsprechend den Anforderungen, z. B. „Englisch fließend". Man kann auch bei Interviewbeginn mit dem Bewerber vereinbaren, dass bestimmte Fragen auf Englisch gestellt werden. Zum Beispiel:

Where do you see your strengths?

What qualifications do you have that make you feel that you will be successful in your field?

Describe a difficult problem you have had to deal with.

Describe a time you made a mistake on the job. How did you resolve it? What did you learn?

How would you describe yourself?

How do you spend your leisure time?

What salary did you have in mind?

Why should we hire you? Call us four reasons.

Organisationstalent / Improvisationsvermögen

Wie stark ist Ihr Organisationstalent ausgeprägt? Geben Sie uns ein Beispiel.

Geben Sie uns eine Kostprobe Ihres Organisationstalents.

Was ist bei Ihnen stärker ausgeprägt, das Organisationstalent oder das Improvisationsvermögen?

Wie haben Sie Ihre eigene Arbeit und Ihren Arbeitsplatz organisiert? Welche Hilfsmittel setzen Sie ein?

Kreativität / Ideen

Nennen Sie uns eine Idee, die Sie ausgearbeitet haben, und die auch umgesetzt worden ist.

Mit welcher Idee konnten Sie sich nicht durchsetzen?

Initiative

Nennen Sie uns ein Beispiel, wann Sie die Initiative ergriffen haben, um eine Situation, einen Arbeitsablauf zu ändern oder eine Personalentscheidung zu treffen?

Verkaufstalent

Waren Sie schon einmal an einer Markteinführung eines neuen Produkts beteiligt?

Was haben Sie getan, um dem Produkt zum Erfolg zu verhelfen?

Was macht einen guten Verkäufer aus?

Empathie

Wann fällt Ihnen das Zuhören schwer?
(Verkäufer) Woher wissen Sie, was Kunden wollen?

Veränderungsbereitschaft / Flexibilität

Was fällt Ihnen zu dem Satz ein: Kundenwünsche haben Vorrang

Was hat sich für Sie in letzter Zeit im Unternehmen oder an Ihrem Arbeitsplatz verändert, und wie haben Sie sich darauf eingestellt?

Verantwortungsbereitschaft

Tragen Sie die Verantwortung für Ihre Arbeit oder arbeiten sie weitgehend auf Anweisung?

Können Sie uns ein Beispiel nennen, wann Sie freiwillig und zusätzlich zu Ihrer Arbeit Aufgaben übernommen haben?

Kontaktfähigkeit

Beschreiben Sie den Kontakt zu Ihren Kunden

Beschreiben Sie die Beziehung zu Ihrem Chef und die Zusammenarbeit mit Ihren Kollegen.

Verhandlungsgeschick

Als Führungskraft müssen Sie auch Verhandlungen führen. Können Sie uns an einem Beispiel zeigen, wie Sie sich darauf vorbereiten?

Sie besitzen Verhandlungsgeschick. Richtig? Was haben Sie getan, um diese Fähigkeit zu entwickeln?

Verlässlichkeit

Was macht Sie zu einem verlässlichen Partner? Können Sie ein Beispiel nennen?

Kommunikation, Kooperation

Arbeiten Sie lieber alleine oder mit anderen zusammen?

Wann arbeiten Sie gerne für sich alleine und wann in einer Arbeitsgruppe?

Wo Menschen zusammenarbeiten gibt es Konflikte. Vergegenwärtigen Sie sich einen Konflikt. Wie sind Sie damit umgegangen?

Stärken / Arbeitsergebnisse

Welche Stärken konnten Sie bei Ihrer Arbeit als ....einsetzen und welche nicht?

Können Sie in zwei Sätzen sagen, wofür Sie bezahlt werden?

Was ist Ihr Beitrag zum Unternehmensganzen, zum Erfolg des Unternehmens?

Was können Sie am besten?

Wie beurteilt Ihr Chef Ihre Leistung?

Selbsteinschätzung: Sind Sie erfolgreich mit Ihrer Arbeit?

Worauf sind Sie stolz?

Erzählen Sie uns eine Ihrer Erfolgsgeschichten

Und wie wäre es mit einer Geschichte, bei der es schief gelaufen ist?

Was war bisher Ihr größter beruflicher Erfolg?

Vieles gelingt, manches nicht. Was ist Ihnen misslungen?

Führungsqualitäten

Welche Führungserfahrung haben Sie?

Wie führen Sie ihre Mitarbeiter?

Beschreiben Sie bitte die Beziehungen zu ihren Mitarbeitern? Welches Verhältnis haben Sie zu Ihren Leuten?

Es gibt leistungsstarke und leistungsschwache Mitarbeiter und viele dazwischen. Wie ist das bei Ihren Leuten?

Haben Sie das Gefühl, dass Sie von ihren Mitarbeitern akzeptiert werden? Woran merken Sie das?

Haben Sie sich schon einmal von Mitarbeitern trennen müssen? Wie sind Sie dabei vorgegangen?

Können Sie eine Situation schildern, bei der Sie ein Machtwort sprechen mussten?

Was halten Sie von schriftlichen Abmahnungen?

Ihre Mitarbeiter vertrauen Ihnen, oder? Wie haben Sie es geschafft, das Vertrauen zu gewinnen?

Wie unterstützen Sie das Engagement Ihrer Mitarbeiter?

Wie denken Sie über Ihren (letzten) Chef?

Was war bisher für Sie die schwierigste Entscheidung?

Mut zum Risiko: Haben Sie eine persönliche Erfahrung?

Wann haben Sie zuletzt zu einem Ihrer Mitarbeiter, Kollegen oder Vorgesetzten gesagt: „Ich habe mich geirrt."

In welchem Punkt haben Sie in letzter Zeit Ihrem Chef widersprochen?

Ein Mitarbeiter hat einen gravierenden Fehler gemacht. Wie gehen Sie damit um?

Fehler als Lernerfahrung. Können Sie damit etwas anfangen?

Sie geben einem Mitarbeiter einen Auftrag und stellen später fest, dass er nicht erledigt ist. Was tun Sie?

Veränderungen erzeugen Widerstand. Können Sie ein Beispiel nennen, wie Sie solche Widerstände überwunden haben?

Was ist bei Ihnen unfaires Verhalten?

Wie kontrollieren Sie Ihre Mitarbeiter?

Was macht einen guten Mitarbeiter aus. Was muss er / sie können?

Abschlussfragen

Warum wollen Sie die Stelle wechseln?

Nennen Sie vier Gründe, warum wir gerade Sie einstellen sollten?

Warum wäre es ein Fehler, Sie nicht einzustellen?

Sonstige Fragen:

Was machen Sie in Ihrer Freizeit?

Was haben Sie sich als Gehalt vorgestellt?

Wann könnten Sie frühestens bei uns eintreten?

Haben Sie als Bewerber noch Fragen an uns?

Suggestivfragen vermeiden

Rhetorische Fragen sind bekanntlich Fragen, auf die der Fragensteller keine Antwort erwartet. Beim Interview werden gelegentlich Suggestivfragen gestellt, die rhetorischen Fragen sehr nahe kommen, weil die Antworten keinen Erkenntnisgewinn bringen. Aus Erfahrung weiß ich, dass solche Fragen tatsächlich gestellt werden.

Beispiele:

Sind Sie belastbar?

Besitzen Sie Eigeninitiative?

Welche Rolle spielen Gefühle in Ihrem Leben?

Sind Sie eher ein emotionaler oder ein rationaler Mensch?

Hatten Sie eine eher freiheitliche oder eine strenge Erziehung, und wie sind Sie damit umgegangen?

Sind Sie eher ein Optimist oder ein Pessimist?
(Die Firma braucht nicht nur Optimisten sondern auch Mitarbeiter, die eher skeptisch sind, zum Beispiel Controller)

Fällt es Ihnen leicht, Kontakt zu potentiellen Kunden herzustellen?

Wie bewerten Sie die Zusammenarbeit mit Ihren Kollegen? (Teamfähigkeit)

Überflüssige und dumme Fragen (aus dem Internet)

Fällt es Ihnen schwer, Entscheidungen zu treffen?

Schätzen Sie sich als Führungskraft oder als Mitarbeiter ein?

Welche Vorbilder haben Sie?

Sind Sie Mitglied im Betriebsrat? (nicht zulässig!)

Möchten Sie in der nächsten Zeit eine Familie gründen?

Sind Sie bereit, Überstunden zu machen?

Interviewverlauf

Begrüßung / Small Talk
Vorstellung der Teilnehmer

↓

Eröffnung / Einstieg:
Bewerber Ablauf beschreiben

↓

Fragen, Aufgabe, Rollenspiel
(Interviewbogen)

↓

Vorstellung des Unternehmens
(Produkte, Dienstleistung, Leitbild etc.)

↓

Fachvorgesetzter erläutert Aufgabe

↓

Bewerberfragen beantworten

↓

Interviewauswertung
- Schriftliche Voten über die Eignung
- Evtl. 2. Gespräch

↓

Entscheidung

Checkliste Faire Kündigung

Entscheidung Personalreduzierung

Information des Betriebsrats und der Belegschaft

- Gründe offen auf den Tisch legen
- Sozialauswahl in Kooperation mit dem Betriebsrat
- Bei Massenentlassung: Interessenausgleich, Sozialplan
- Zusammenarbeit mit der Agentur für Arbeit (Zuschüsse für Beratung, evtl. Gründung einer Transfergesellschaft

Kündigungsgespräch

<u>Vorbereitung:</u>
Visualisierung
„Hiobsbotschaft" aufschreiben
Gesprächstermin

<u>Kündigung durch den Vorgesetzten mit Personalverantwortung</u>
- Nachricht übermitteln (3 – 5 Sätze
- Schriftliche Kündigung aushändigen
- Auf Wunsch Kündigung ausführlich begründen
- Auf Einwände reagieren, aber keine Diskussion
- Gefühlsäußerungen hinnehmen
- Informationen, wie es weitergeht, Hilfe andeuten

Unterstützung der Gekündigten

- Hilfe beim Neuanfang durch externe Berater
- Unterstützung bei der Stellensuche durch das Unternehmen
- Beratung Existenzgründung (Agentur für Arbeit)
- Transfergesellschaft gründen

Information der Mitarbeiter, die im Unternehmen verbleiben

- Information über den Ablauf der Personalreduzierung
- Zukunft des Unternehmens: Projekte, Investitionen usw.

Checkliste fristgerechte Kündigung

Beachtet/Erledigt

	(Ja)	(Nein)
1. Schriftform nach § 623 BGB	( )	( )
2. Wartezeit von 6 Monaten nach dem Kündigungsschutzgesetz erfüllt?	( )	( )
3. Besteht ein Kündigungsverbot (Schwangere, Betriebsräte)	( )	( )
4. Muss eine behördliche Zustimmung eingeholt werden? Beispiel Integrationsamt bei Schwerbehinderten	( )	( )
5. Kündigungsgrund vorhanden? Personen-, verhaltens- oder betriebsbedingt.	( )	( )
6. Bei personen- u. verhaltensbedingten Gründen: Abmahnung erfolgt?	( )	( )
7. Bei betriebsbedingten Gründen:		
a) Sozialauswahl durchgeführt? Alter, Betriebszugehörigkeit, Unterhaltsverpflichtungen, Schwerbehinderung	( )	( )
b) Ist die Weiterbeschäftigung auf einem anderen Arbeitsplatz, evtl. unter veränderten Bedingungen möglich?	( )	( )

8. Wird die Kündigungsfrist eingehalten? ( )   ( )

9. Wurde die ordnungsgemäße Anhörung des
   Betriebsrats eingeleitet? (7-Tage-Frist) ( )   ( )

10. Zugang der Kündigung:

   a) Persönlich ausgehändigt? ( )   ( )

   b) Per Boten (persönlich, Briefkasten oder Angeh.) ( )   ( )

Checkliste Kündigungsgespräch

- Was sind die Gründe für die betriebsbedingte Kündigung? Sprachregelung?

- Sind Sie über den Ablauf informiert? Was kommt nach dem Kündigungsgespräch?

- Sind Sie über die wichtigsten rechtlichen Aspekte im Bilde, wie zum Beispiel über die Sozialauswahl?

- Wird es einen Sozialplan geben?

- Welche Befugnisse haben Sie? Können Sie Zusagen machen über Abfindung, Weiterbildung, Freistellung, Beratung und Hilfe beim beruflichen Neuanfang?

- Organisation des Vieraugen-Gesprächs: Ort, Zeit, Raum

Gut zu wissen

Wie lautet die „Hiobsbotschaft" bei Aushändigung der Kündigung?
Beispiel:
Sie kennen die prekäre Lage des Unternehmens. Jede Abteilung ist betroffen, auch unsere. Wir müssen deshalb Mitarbeiter entlassen, einer davon sind Sie.
Ich bedaure das sehr, aber ich sehe keine andere Lösung. Es wird einen Sozialplan geben. Das Unternehmen wird außerdem einen Berater beauftragen, der Sie bei der Stellensuche unterstützen wird (überreicht schriftliche Kündigung).

Eignungsbeurteilung - Entscheidung

Nach dem Interview geben alle Beteiligten ihr schriftliches Votum ab:

Eignungsbeurteilung

Name: ....Heike Schuster.......... ...... Position: Personalsachbearbeiterin

Anforderungen (Soll)   **Ausprägungsgrad (Ist)**

Anforderungen (Soll)	schwach			stark	
	1	2	3	4	5
Fachkenntnisse				X	
Erfahrung, Erfolge				X	
Lernbereitschaft, Weiterbildung					X
Zuverlässigkeit					X
Flexibilität				X	
Empathie				X	
Gute Umgangsformen					

Votum
(X) Bestens geeignet ( ) gut geeignet ( ) Geeignet ( ) Nein

Zusammenfassende Beurteilung

Frau Schuster ist unmittelbar nach ihrer Ausbildung als Industriekauffrau in der Personalabteilung eingesetzt worden und war dort zuständig für die Gehaltsabrechnung (SAP) der Vertriebsangestellten. Sie hat neben ihrer Arbeit abends und samstags eine Ausbildung als Personalkauffrau absolviert und die IHK-Prüfung mit Erfolg abgelegt. Nach 3-jähriger Arbeit in der Gehaltsabrechnung wechselte sie in Ausbildungsabteilung, wo sie seit zwei Jahren kaufmännische Lehrlinge betreut und betrieblichen Unterricht erteilt. Sie hat die Ausbildereignungsprüfung abgelegt und firmeninterne Seminare besucht: Sozialversicherungsrecht, Arbeitsrecht, Gesprächsführung, Konfliktlösung.

Frau Schuster ist eine sympathische junge Frau, selbstsicher im Auftreten, die sich klar ausdrücken kann. Sie findet schnell Kontakt und ist umgänglich.

Frau Schuster möchte aus persönlichen Gründen in Hamburg arbeiten. Sie ist für die Position hervorragend geeignet.

....
Datum/Unterschrift:

Gut zu wissen: Entscheidung

Ist Intuition, das Bauchgefühl ein guter Ratgeber bei der Entscheidung, wer eingestellt wird? Nicht jede Bauchentscheidung muss richtig sein, das wissen wir intuitiv und aus Erfahrung. Verstand und Logik sind nicht unfehlbar, aber Gefühl und Intuition auch nicht.

Viele Praktiker, die Personal einstellen, wissen, dass man ein Gespür dafür haben muss, wer der richtige Bewerber ist. Die Entscheidung, wer eingestellt wird, kann schon deswegen keine rationale sein, weil es sich um eine Prognose handelt und es deshalb keine Gewissheit gibt. Die Wahrscheinlichkeit erhöht sich, wenn wir es mit einem Bewerber zu tun haben, der bereits in ähnlicher Funktion erfolgreich gearbeitet hat. Aber sicher können wir nicht sein, weil es zu viele unbekannte Faktoren gibt. Tests helfen wenig.

Sollen wir uns bei der Personalauswahl ganz von der Ratio verabschieden und der Logik ade sagen? Nein. Wir sollten das Auswahlverfahren optimieren, aber nicht die Entscheidung. Das Einstellungsinterview sollte gut vorbereitet werden und strukturiert sein. Die Fragen und Aufgaben, die gestellt werden, sollten von den Anforderungskriterien abgeleitet sein. Die letzte Instanz bei der Einstellungsentscheidung sollte allerdings der Bauch sein.

Gehen Sie vor wie bei der Partnerwahl: Keine Kompromisse. Alle an der Auswahl Beteiligten müssen ohne Vorbehalt für die Einstellung votieren. Wenn es Bedenken gibt, die nicht ausgeräumt werden können (evtl. durch ein zweites Gespräch), wird der Bewerber nicht eingestellt. Selbst wenn alle Fakten und Argumente für den Bewerber sprechen und ihnen ihr Bauchgefühl sagt „Nein", sollten sie der Intuition folgen, auch wenn sie das Gefühl nicht begründen

Kündigungsschreiben - betriebsbedingte Kündigung

Kündigung

Sehr geehrte Frau Schwan,

wir kündigen das Arbeitsverhältnis fristgerecht zum

31. März 2014.

Der Betriebsrat wurde nach § 102 Betriebsverfassungsgesetz angehört. Er hat der Kündigung widersprochen. Eine Kopie des Widerspruchs ist beigefügt.

Seit 1. Juli 2003 ist gesetzlich geregelt, dass Sie sich sofort nach Zugang der Kündigung bei der Agentur für Arbeit melden müssen, wenn Sie Leistungen in Anspruch nehmen wollen.

Mit freundlichen Grüßen

Andreas Hammer
Geschäftsführer

Gut zu wissen

Im Kündigungsschreiben ist der Kündigungsgrund nicht genannt. Das ist korrekt. Die Kündigungsgründe muss der Arbeitgeber dem Betriebsrat bei der Anhörung mitteilen. Widerspricht der Betriebsrat der ordentlichen Kündigung nach § 102 Betriebsverfassungsgesetz, muss er dies innerhalb einer Woche dem Arbeitgeber mitteilen. Der Arbeitgeber muss eine Kopie des Widerspruchs zusammen mit der Kündigung an den Mitarbeiter aushändigen.

Betriebsbedingte Gründe: Es handelt sich um Gründe, die vom Unternehmen ausgehen und nicht im Verhalten oder in der Person des Arbeitnehmers liegen (wie z.B.
* Auftragsmangel,
* Einstellen der Produktion,
* Umstellung der Produktion,
* Gewinnrückgang,
* Sinkende Rentabilität.

Auslöser betriebsbedingter Kündigungen ist eine unternehmerische Entscheidung. In einer markwirtschaftlich orientierten Wirtschaftsordnung ist ein Unternehmer grundsätzlich frei in seiner Entscheidung, Kapital und Arbeitskräfte so rationell wie möglich einzusetzen.

Der Gesetzgeber hat der unternehmerischen Freiheit durch das Kündigungsschutzgesetz Grenzen gesetzt. Hierzulande haben Arbeitnehmer bei Verlust des Arbeitsplatzes unter bestimmten Voraussetzungen (z. B. Massenentlassung) Anspruch auf Zahlung einer Abfindung nach Sozialplan.

Soziale Auswahl

Das Kündigungsschutzgesetz (§ 1 Absatz 3) schreibt vor, dass bei der Auswahl der zu Kündigenden „soziale Gesichtspunkte" zu beachten sind. Beachtet der Arbeitgeber das nicht, ist die Kündigung unwirksam.

Die soziale Auswahl wird in drei Schritten geprüft:

- Wer ist in die soziale Auswahl einzubeziehen? (Personenkreis)
- Welche Sozialdaten sind zu berücksichtigen, und wie werden sie gewichtet?
- Welche Arbeitnehmer sind aus betrieblichen Bedürfnissen für den Betrieb notwendig und deshalb nicht zu berücksichtigen?

Bei der sozialen Auswahl gilt der Grundsatz, dass unter mehreren Arbeitnehmern derjenige zu entlassen ist, der am wenigsten schutzbedürftig ist.

* Betriebszugehörigkeit,
* Lebensalter
* Unterhaltsverpflichtungen
* Schwerbehinderung

sind nach der Rechtsprechung des Bundesarbeitsgerichts in jedem Falle zu berücksichtigen.

Kündigungsschreiben (betriebsbedingt mit Abfindungsanspruch)

Kündigung

Sehr geehrter Herr Lehmann,

wir kündigen das Arbeitsverhältnis aus betrieblichen Gründen fristgerecht zum

30. Juni 2014

ersatzweise zum nächsten zulässigen Termin. Der Betriebsrat wurde vorher angehört und hat der Kündigung zugestimmt.

Sie haben Anspruch auf die gesetzliche Abfindung von einem halben Monatsgehalt pro Beschäftigungsjahr unter der Bedingung, dass Sie innerhalb der 3-Wochen-Frist vom Zugang dieser Kündigung an <u>keine</u> Kündigungsschutzklage beim Arbeitsgericht einreichen. Sie können aber auch vorher schon schriftlich erklären, dass Sie auf eine Klage verzichten werden.

Die Abfindung würde € xxxx brutto betragen und wäre am 30. Juni 2014 fällig.

Bitte lassen Sie sich beim Agentur für Arbeit über die Auswirkungen auf das Arbeitslosengeld beraten. Seit 1. Juli 2003 ist auch gesetzlich geregelt, dass Sie sich sofort nach Zugang der Kündigung bei der Agentur für Arbeit melden müssen, wenn Sie Leistungen in Anspruch nehmen wollen.

Mit freundlichen Grüßen

Unterschrift

Gut zu wissen

Der Anspruch auf eine „gesetzliche Abfindung" wurde ab 1.1.2004 neu in das Kündigungsschutzgesetz aufgenommen (§ 1a). Ein Arbeitnehmer hat nur unter bestimmten Bedingungen einen Abfindungsanspruch von einem halben Monatsgehalt pro Beschäftigungsjahr:

- Es muss sich um eine betriebsbedingte Kündigung handeln

- Der Arbeitgeber muss die Abfindung ausdrücklich im Kündigungsschreiben anbieten.

- Der gekündigte Arbeitnehmer ist frei in seiner Entscheidung, ob er von dem Angebot Gebrauch machen will oder innerhalb der 3-Wochenfrist eine Kündigungsschutzklage beim Arbeitsgericht einreicht. Lässt er die 3-Wochenfrist verstreichen, wird die Abfindung am letzten Tag des Arbeitsverhältnisses fällig. Er kann aber auch gegenüber dem Arbeitgeber innerhalb von drei Wochen nach Zugang der Kündigung erklären, dass er auf eine Klage verzichtet und die Abfindung annimmt.

Der Arbeitgeber ist auch frei in seiner Entscheidung, ob er einem Arbeitnehmer, dem er aus betriebsbedingten Gründen fristgerecht kündigt, eine Abfindungsangebot nach § 1a Kündigungsschutzgesetz machen soll. Er ist dazu nicht verpflichtet und kann es auf einen Prozess vor dem Arbeitsgericht ankommen lassen.

Kündigungsschreiben: Änderungskündigung

Ordentliche Änderungskündigung

Sehr geehrte Frau Schön,

wir kündigen das Arbeitsverhältnis fristgerecht zum

30. Juni 2014

wegen Wegfall des Arbeitsplatzes und bieten Ihnen ab 1. Juli 2014 die Position einer Einsatzleiterin an zu den Bedingungen des alten Arbeitsvertrages.
Der Betriebsrat wurde gehört und hat dieser Änderungskündigung zugestimmt.

Bitte teilen Sie uns innerhalb der nächsten drei Wochen vom Zugang dieser Kündigung an mit, ob Sie mit den Änderungen des Arbeitsvertrages einverstanden sind. Wenn Sie nicht einverstanden sind, endet das Arbeitsverhältnis am 30. Juni 2014.

Mit freundlichen Grüßen

Michael Molitor
Geschäftsführer

Gut zu wissen

Änderungskündigung heißt: Der Arbeitgeber will die Arbeitsbedingungen des bestehenden Arbeitsvertrages ändern, wie zum Beispiel anderer Einsatzort, andere Tätigkeit bei selbem oder geringerem Gehalt.
Ein Mitarbeiter hat drei Möglichkeiten auf eine Änderungskündigung zu reagieren:

1. Er akzeptiert die geänderten Arbeitsbedingungen. Dann ist ein neuer Arbeitsvertrag zustande gekommen.

2. Er akzeptiert unter dem Vorbehalt, dass die Kündigung sozial gerechtfertigt ist und lässt durch Klage beim Arbeitsgericht prüfen (3-Wochenfrist vom Zugang der Kündigung), ob die Kündigung nicht doch sozialwidrig ist.
3. Der Arbeitnehmer erklärt innerhalb von drei Wochen nach Zugang der Kündigung gegenüber dem Arbeitgeber, dass er mit den geänderten Arbeitsbedingungen nicht einverstanden ist. Aus der Änderungskündigung wird eine Beendigungskündigung. Dagegen kann der Mitarbeiter Kündigungsschutzklage einreichen.

Kündigungsschreiben: Wichtiger Grund, fristlos

Kündigung aus wichtigem Grund

Sehr geehrte Frau Lohse,

wir kündigen das Arbeitsverhältnis <u>fristlos</u> wegen Diebstahls, ersatzweise fristgerecht zum
                    5. Februar 2014.

Der Betriebsrat wurde gehört und hat der fristlosen bzw. der fristgerechten Kündigung zugestimmt.

Mit freundlichen Grüßen

Jens Meier
Geschäftsführer

Gut zu wissen

Ein wichtiger Grund, ein Arbeitsverhältnis ohne Einhaltung einer Frist zu beenden, könnte sein: Diebstahl, Unterschlagung, Arbeitsverweigerung, eigenmächtige Urlaubsverlängerung, Beleidigung eines Vorgesetzten.

Es steht dem Arbeitgeber frei, ob er bei Vorliegen eines wichtigen Grundes fristlos oder fristgerecht kündigt. Entscheidet er sich für eine fristlose Kündigung, muss er das innerhalb von zwei Wochen tun, nachdem er von der Sache erfahren hat. Lässt er die 2-Wochen-Frist verstreichen, ist nur noch eine fristgerechte Kündigung möglich.

Muster Stellenanzeige

Das Unternehmen entscheidet sich für eine 2-spaltige Stellenanzeige in der Samstagausgabe des Hamburger Abendblatts mit folgendem Text:

Wir sind ein mittelständisches Unternehmen der Nährmittelindustrie mit 350 Mitarbeitern in Hamburg und suchen eine(n)

Personalsachbearbeiter(in)

Zu Ihren Aufgaben gehören die Personalverwaltung (von der Einstellung bis zur Entlassung), die Gehaltsabrechnung für die Angestellten und die Betreuung unserer kaufmännischen Lehrlinge.

Was wir von Ihnen erwarten

Sie haben eine kaufmännische Ausbildung und Erfahrung in der Gehaltsabrechnung
Sie besitzen Kenntnisse im Lohnsteuer – und Sozialversicherungsrecht
Sie arbeiten selbständig und haben Freude an Ihrer Arbeit
Sie haben die Ausbildereignungsprüfung erfolgreich abgelegt
Sie sind umgänglich, lernwillig und besitzen Empathie

Wir bieten Ihnen

eine interessante Arbeit, flexible Arbeitszeit und fördern Ihre berufliche Weiterbildung. Wir zahlen 13 Gehälter und honorieren gute Arbeit zusätzlich.

Bitte schicken Sie uns Ihre schriftlichen Bewerbungsunterlagen per Post oder E-Mail mit Angabe Ihrer Gehaltsvorstellung und den frühesten Eintrittstermin. Informationen über uns finden Sie unter w.leister@firma.de

Firma XYZ, Am Strohhause 1, 20097 Hamburg, Tel. 040 4657890 - www.firma.de

Literatur

Bährle, Ralf: Das Allgemeine Gleichbehandlungsgesetz, Boorberg Stuttgart 2007

Bauer, Joachim: Warum ich fühle, was du fühlst – Intuitive Kommunikation und das Geheimnis der Spiegelneurone, Hoffmann und Campe, Hamburg 2006

Bloch, Günther / Peter Delling: Auge in Auge mit dem Wolf: 20 Jahre unterwegs mit freilaufenden Wölfen, Frankh Kosmos Stuttgart 2012

Bohinc, Thomas: Soft Skills, Vahlen München 2009

Bonhoefer, Tobias/Guss,Peter (Hrg): Zukunft Gehirn, Beck München 2011

Cialdini, Robert: Die Psychologie des Überzeugnens, Huber Bern 2013 (7.Aufl.)

Cohn, Ruth: Von der Psychoanalyse zur themenzentrierten Interaktion, Klett Stuttgart, 2009

Csikszentmihaly, Mihaly: Flow im Beruf. - Das Geheimnis des Glücks am Arbeitsplatz, Klett-Cotta, Stuttgart 2004

Damasio, Antonio: Decartes Irrtum – Fühlen, Denken und das menschliche Gehirn, dtv, München 2004

Damasio, Antonio: Der Spinoza-Effekt – Wie Gefühle unser Leben bestimmen, dtv München 2004

Drucker, Peter: Die Praxis des Managements, Econ, München 1998

Drucker, Peter: Management im 21. Jahrhundert, Econ München 1999

Dutton, Kevin: Psychopathen – Was man von Heiligen, Anwälten und Serienmördern lernen kann, dtv München 2013

Ekman, Paul: Ich weiß, dass du lügst – Was Gesichter verraten, Rowohlt Reinbek 2011

Ekman, Paul: Gefühle lesen, Elsevier München 2007

Epstein, Seymour: Sie sind klüger als Sie denken – Was man mit Intuition und Verstand erreichen kann, Droemer München 1994

Farau, Alfred/Cohn, Ruth: Gelebte Geschichte der Psychotherapie, Klett-Cotta Stuttgart 2008

Feyerabend, Paul: Zeitverschwendung, Suhrkamp Frankfurt 1997

Feyerabend Paul: Irrwege der Vernunft, Suhrkamp Frankfurt 1990

Fisher, Roger/Shapiro, Daniel: Erfolgreich verhandeln mit Gefühl und Verstand, Campus, Frankfurt 2007

Frevert, Ute / Singer, Tania: Empathie und ihre Blockaden – Über Emotionen in „Zukunft Gehirn, Hrg. Tobias Bonhoeffer und Petet Gruss – Ein Report der Max-Planck-Gesellschaft, Beck München 2011

Frevert, Ute: Vertrauensfragen – Eine Obsession der Moderne, Beck München 2013

Gigerenzer, Gerd: Bauchentscheidungen – Die Intelligenz des Unbewussten und die Macht der Intuition, Bertelsmann, München 2007

Gigerenzer, Gerd: Risiko – Wie man Entscheidungen trifft, Bertelsmann München 2013

Gladwell, Malcom: Blink – Die Macht des Moments, Campus Frankfurt 2005

Goleman, Daniel: Emotionale Intelligenz, Hanser München 1997

Grant, Adam: Geben und Nehmen – Erfolgreich sein zum Vorteil aller, Droemer München 2013

Harvard Businessmanager 3/2005: Die besten Ideen von Peter Drucker

Hastedt, Hastedt: Gefühle – Philosophische Bemerkungen, Reclam Stuttgart 2005

Hromadka, Wolfgang: Arbeitsrecht für Vorgesetzte, dtv München 2009

Kahnemann, Daniel: Schnelles Denken, Langsames Denken, Pantheon Verlag 2014

Keysers, Christian: Unser empathisches Gehirn, C. Bertelsmann München 2013

Kiesow, Hans: Kündigungsgespräche, Redline Frankfurt 2004

Klein, Gary: Natürliche Entscheidungsprozesse, Junfermann, Paderborn 2003

Kramers, Jeffrey: Peter Druckers kleines Weißbuch, Finanzbuch Verlag München 2009

Langmaack, Barbara: Einführungs in die Themenzentrierte Interaktion, Beltz Weinheim, 2011

List, Karl-Heinz: Outplacement, Verlag Bildung und Wissen Nürnberg 2003

List, Karl-Heinz: Praxisbuch Personalmanagement in der Pflege, Medizinische Wissenschaftliche Verlagsgesellschaft, Berlin 2010

List, Karl-Heinz: Personalauswahl in der Pflege, Springer Heidelberg 2012

List, Karl-Heinz: Arbeitszeugnisse für Gesundheits- und Pflegeberufe, Walhalla Regensburg 2014

Lundin, Stephan, Harry, Christensen, John: Fish, Goldmann, München 2003

Malik, Fredmund: Führen, Leisten, Leben, Campus, Frankfurt 2000

Malik, Fredmund: Management – Das A und O des Handwerks, Campus Frankfurt 2013

Martin, Joyce: Erfolgreiches Personalmanagement – nach dem Modell der viefachen Intelligenzen, Bildungs und Wissen Verlag Nürnberg 2001

Masolw, Abraham: Motivation und Persönlichkeit, Walter Verlag, Düsseldorf, 1988

Moskowitz, Michael, Erkennen, was andere denken und fühlen, Pendo-Verlag, München 2008)

Öchner, Thomas: Wenn der Chef Kopfgeld zahlt. In Süddeutsche Zeitung 26.9.2011

Pörksen, Bernhard / Schulz von Thun, Friedemann: Kommunikation als Lebenskunst – Philosphie und Praxis des Miteinander-Redens, Carl Auer Verlag 2014

Pöppel, Ernst: Zum Entscheiden geboren, Hanser München 2008

Rifkin, Jeremy: Die empathische Zivilisation, Fischer Frankfurt 2012

Rogers, Carl: Klientenzentrierte Gesprächspsychotherapie, Fischer Frankfurt 1983

Rosenberg, Marshall: Gewaltfreie Kommunikation, Junfermann, Paderborn 2004

Roth, Gerhard: Persönlichkeit, Entscheidung und Verhalten, Klett-Cotta Stuttgart 2008

Roth, Gerhard: Fühlen, Denken, Handeln, Suhrkamp Frankfurt 2003

Schaefer, Jürgen: Lob des Irrtums – Warum es ohne Fehler keinen Fortschritt gibt, Bertelsmann München 2014

Schneider Wolf: Deutsch für junge Profis, Rowohlt Reinbek 2012

Schulz von Thun: Klarkommen mit sich selbst und anderen: Kommunikation und Soziale Kompetenz, Rowohldt Reinbek 2009

Schulz von Thun, Friedemann: Miteinander reden 1–3, Rowohlt Reinbek 2007

Sennet, Richard: Der flexible Mensch, Berliner Taschenbuch Verlag, Berlin 2006

Solomon, Robert: Gefühle und der Sinn des Lebens, Zweitauenseins Frankfurt 2000

Thomann, Christoph: Klärungshilfe 2 – Konflikte im Beruf: Methoden und Modelle klärender Gespräche, Rowohlt Reinbek 2004

Traufetter, Gerald: Intuition – Die Weisheit der Gefühle, Rowohlt Reinbek 2007

Van Helsing, Falk: Die Sprache der Juristen, Lappan Oldenburg 2006

Weißenrieder, Jürgen / Marijan Kosel (Hrg.): Nachhaltiges Personalmanagement, Gabler Wiesbaden 2012

Wesel, Uwe: Alles, was Recht ist Jura für Nichtjuristen, Piper München 2004

Wetter, Reinhard: Der richtige Arbeitsvetrag, dtv München 2008